爱 迪 思 管 理 思 想 系 列

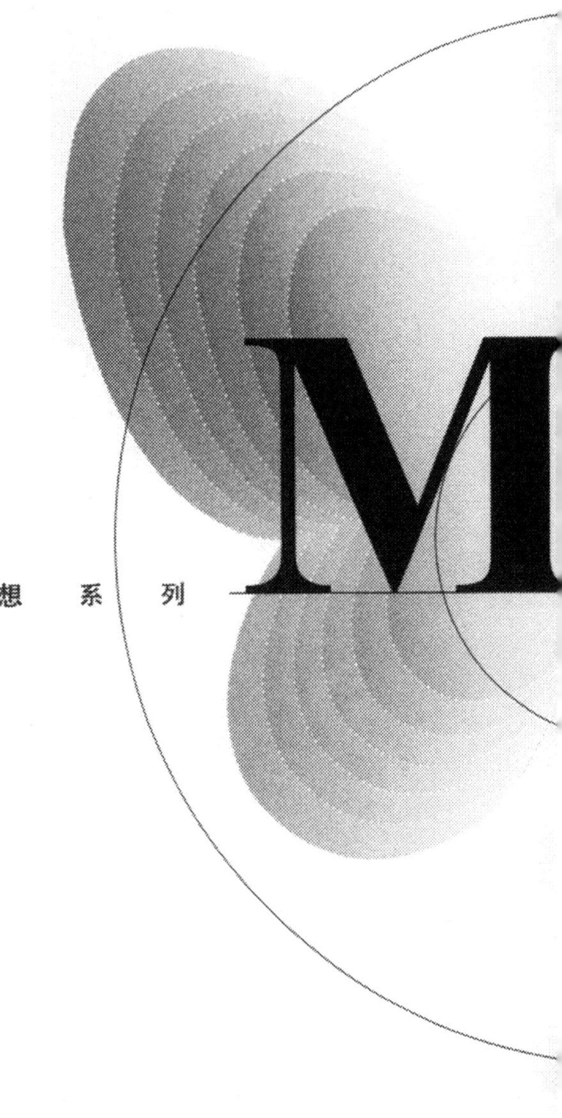

把握变革

asteringChange

[美] 伊查克·爱迪思 著
赵斌 陈甦 译

華夏出版社

图书在版编目(CIP)数据

把握变革/(美)爱迪斯著;赵斌,陈甦译.
-北京:华夏出版社,2004.1
(爱迪思管理思想系列)
ISBN 7-5080-3368-X

Ⅰ.把… Ⅱ.①爱… ②赵… ③陈… Ⅲ.企业管理 Ⅳ.F270

中国版本图书馆 CIP 数据核字(2003)第 113719 号

把握变革
[美]爱迪斯 著
赵 斌 陈 甦 译

策 划: 陈小兰
责任编辑: 陈小兰
出版发行: 华夏出版社
(北京市东直门外香河园北里 4 号 邮编:100028)
经 销: 新华书店
印 刷: 北京圣瑞伦印刷厂
版 次: 2004 年 1 月北京第 1 版
2004 年 1 月北京第 1 次印刷
开 本: 1/16 开
字 数: 222 千字
插 页: 2
定 价: 25.00 元
本版图书凡印刷、装订错误,可及时向我社发行部调换谨以此书献给世界各地的爱迪思法实践者，没有他们，书中的内容便不可能成为现实。

作者简介

25年来，伊查克·爱迪思博士在35个国家的400多个组织中运用过把握变革的理论，这些组织既有企业，也有非营利性组织，规模从80从到90 000人不等。而且，他曾接受多个国家的首脑的邀请，向其部长或议员们讲述他的理论和方法，并就如何克服政府官僚化问题进行了咨询。

爱迪思博士是加州桑塔·莫尼卡爱迪思研究所的创始人和专业指导。该研究所主要从事培训爱迪思专职顾问，向他们授予证书，并且与授权的爱迪思专职顾问一道通过开展咨询活动，在12个国家用爱迪思法解决各种管理问题。

伊查克·爱迪思博士还是洛杉矶加州大学约翰·E. 安德逊管理学院的教授，并且在哥伦比亚非大学、斯坦福大学、特拉维夫大学、耶鲁撒冷的希伯莱大学任课。他同时还是美国社会学协会、国际社会学协会、美国政治科学协会以及管理学院的理事。他的前4部著作已被译成13种文字。

他是一位能流利使用四种语言的著名演讲者，《财富》、《纽约时报》、《伦敦金融时报》和许多国外著名媒体都专题报道过他的著作。

爱迪思博士生于南斯拉夫，长于以色列。他在耶路撒冷的希伯来大学获学士学位，在纽约哥伦比亚大学获MBA和博士学位。他和自己的两个儿子住在加州的伯兰特伍德、以色列的特拉维夫。

The Adizes Institute, 820 Moraga Drive, Bel Air,

Los Angeles California 90049

phone: (310)471 9677, fax. (310)471 1227.

Internet address. adizes@ adizes. com

Web page: http: //www. adizes. com

关于爱迪思法的评论

刚开始从自己熟知与敬重的各家公司的老总们那里听到伊查克·爱迪思这个名字时，他们只说他是一位全新类型的管理在问，一个真正理解企业运作并知道采取什么措施改进企业的人。实际上，爱迪思不仅是一位管理顾问，他是管理领域的开拓者——一位对企业行为有着深刻、敏锐和深远洞察力的观察者，他在这一领域已探索了 25 年。

《企业》杂志编辑

过去一年中，我们的销售增长了 70%，经营成本减少了，赢利能力提高了，企业气氛也有了显著的改善。毫无疑问，这都要归功于爱迪思法。

唐纳德·D. 波利安(Donald D. Boroian)

Francorp 有限公司总经理

这一方法所培养出的相互尊重与积极性真是难以置信。爱迪思给了我推动整个公司参与的工具与动力。企业环境的变革无疑是很具体的……他的方法让你从每一个员工那里获得他们所能做出的贡献。

弗兰克·钱伯莱(Frank Chamerlain)

Poter Paint 公司总经理

人在生命的不同时期有不同的特点，企业也一样。爱迪思博士所阐明的这些阶段是前人未曾涉及过的，他使你深刻洞察自己的企业，这将会使你变得更为明智。

威廉·E. 法利(Willian F. Farley)

Farley Indus Tries 公司董事长

我们与伊查克先生一起检视了自己的管理结构，以便找到能提供更多关注点与内涵的方法，得到新的组织图……这一方法取得了完全的成功！我们是带着某种疑虑走进去的，出来时却满怀振奋。我们赢得了许多关注点，也赢得了个人和团队的责任。

恩内斯特·弗莱期曼(Ernest Fleischmann)

洛杉矶爱乐乐团常务副团长

爱迪思法帮助我们解决了不少结构和功能问题。我认为它是当今世界上最为先进的管理方法。

P. N. 吉诺里麦托斯(P. N. Gerolymatos)

希腊 P. N. Gerolymatos S. A. 公司总经理

爱迪思帮助我们像一个企业一样思维。在此之前，我们每个人的行为只代表自己所在的部门，而现在我们是作为团队在运作。

弗南多·希尔森贝克(Fernando Hilshenbeck)

巴西 Villares Industries 公司副总经理

伊查克简化了管理理论。他的理论简明扼要……就像阅读彼得·德鲁克的作品一样，你在《把握变革》一书上花的时间越多，你在投资上获得的回报就越大。

乔治·兰德格里伯(George Landgrebe)

美洲银行总裁

伊查克·爱迪思是位管理宗师，他的见识对个人生活就像对管理工作一样适用……你会像我一样发现，这本书中完善、丰富的理论对日常生活助益颇多。

哈维·麦凯(Harvey Mackay)

畅销书《如何与鲨鱼共泳而不被吃掉》一书的作者

爱迪思把基于理论的整个概念体系转化为了对管理者而言具有不同寻常的实践指导意义的内容，这样的管理顾问太少见了。让我印象更深的是，他把这些指导方针整合进了复杂的管理体系，而且他把深思熟虑的方法集中于生命周期的概念，这使得常见的管理难点之源减至最小。

威廉·H. 纽曼(William H. Hewman)

哥伦比亚商学院研究生院终身教授

爱迪思博士的方法不仅提供了一种不同寻常的、能建立具有有效机能的组织结构手段，而且他的方法使这种机能性变革在培养士气的环境中产生了。

劳伦·罗斯恰德(Loren Rothschild)

American Protection Industries 有限公司总经理

爱迪思主管培训项目给我提供了一套全新的有效方法，使我能够处理持久艰巨的管理决策问题。

李·鲁魏奇(Lee Ruwitch)

《迈阿密评论》出版商

这一经历极有意义。出席不同阶段培训的人都确信这是一种有效的方法，而且花在研讨上的时间是值得的……大家似乎对公司的未来更有信心了。一切成效似乎同时出现了。在完成这些练习的过程中，我们建立了内在的自信心与内在的信任。大家胸有成竹，都知道我们对未来作了更好的准备。

保罗·维拉里(Paulo Villarco)

巴西维拉里实业公司总裁

重温爱迪思的著作不仅激发创造性的思维，而且也指导有效的行动。这种对复杂情形具有普遍意义的方法太不寻常了。

吉尔贝·瓦伦(Kirby Warren)

哥伦比亚大学商学院教授

您的方法对政治决策制定过程中的许多情形显然非常适用，我敢肯定，许多人士将在其政治生涯中发现，您解决问题的方法大有裨益。

戴维·奥德森(David Oddson)
冰岛总理

对伊查克·爱迪思思想和理论的深入理解将使美国以及作为一个整体的国际社会的对外政策大受益处。我非常了解爱迪思博士，而且一直关注着他的活动。他是一位商界奇才，而且注定会成为世界的奇迹!

肯尼斯·L. 安德尔曼(Kenneth L. Adelman)
美国武器控制与裁军署原负责人
原美国驻联合国大使

爱迪思法不但帮助我们建立了一个能够产生更好的创意的环境，而且帮助我们创立了一个能更好地实施那些创意的气氛……最了不起的事情是团队成员间形成了相互尊重的好风气。

汤姆·摩纳根(Tom Monaghan)
Dmino's Pizza 创始人

10 年来我一直在运用爱迪思博士的理论和具有实际操作性的方法，原因之一是这期间我们的销售额在不靠外界资助的情况下，从 1 000 万美元增长到了 7.5 亿美元。

斯特沃特·雷斯尼克(Stewart Resnick)
Franklin Mint 董事长、总经理

爱迪思法深入浅出。通过更好地理解自己的优势和弱点，它使我成为了一名更优秀的管理者，并且充满自信地带出了一支互补的管理团队。

查尔斯·斯沃伯(Charles Schwab)
美国最大的贴现经纪企业的创始人

鸣 谢

对此书有所贡献的人的名单太长了。书中的内容我已经讲授了25年。从一个小小的简单模型开始，它因人们所做的评论而随着时间不断成长。有些人用其不同意见丰富了我的思想。有些人提供了轶事、笑话、事例甚至卡通增强了我的观点。一段时间后，我意识到我的演讲适用于企业的内容同样也适用于个人生活。当我受邀向各国首脑及其阁员们讲授时，这一内容在社会政治方面的适用性也得到了证明。

那么，我该感谢谁呢？从何开始？一些人跃入了我的脑海。首先是我的父母，他们的犹太人的智慧教给我的不仅仅是生活。除了家庭之外，我在南斯拉夫贝尔格莱德的一年级老师伍卡迪诺维奇(Mr. Vukadinovic)上过的一节课也让我终身难忘。当时我只是一个刚在大屠杀中幸存下来的八岁儿童，我的家庭的半数死于那场灾难。我备受惊吓，很是胆小。班上的另一孩子公开用反犹行为欺侮我。伍卡迪诺维奇先生让我们俩人站在全班面前，向我们讲述了什么是兄弟之情，我们有多么相似，而且我们可以共享作为不同个体的美好。他讲到了信任与尊重。他让我们共坐一桌，从而使我的敌人变成了我最好的朋友，直到今日仍然如此。接下来，我想感谢叶胡达·伊尔(Yehuda Erel)，他是我在以色列青年运动Noar La Noar中的领导。二战后我到了以色列，去寻找我的家园，内心充满了怕被排斥的恐惧。他教我服务于那些比我更不幸的人，从而给了我新生活和一种归属感。

然后是我到美国求学的岁月。哥伦比亚大学的威廉·H. 纽曼教授(William H. Newman)教给了我管理理论，更重要的是，他教给了我在管理过程中的开放思想和实践意识，还有我试图模仿的明智的生活方式。

最后，但却并非次要的，是近3年来我从我的朋友阿来特·德塞(Amrit Desai,又称为Gurudev)那里学到的东西。他是们于马萨诸塞州雷诺克斯的Kripalu中心的精神领袖和创建者。从他那里我学到了要爱我们自己,要与我们周围的世界和谐相处。

不能不提及的还有露丝玛丽·索斯塔里奇 (Rosemary Sostarich)、安德瑞恩·邓尼 (Adrienne Denny)、艾尔斯帕斯·麦克哈蒂 (Elspeth MacHattie)、查尔斯·马克(Charles Mark)、比尔·奇克玲(Bill Chickering)、米歇 尔·莱姆(Michael Lame)、戴尼斯·雷斯(Denise Reiss)。不论做的是审校、编辑还是打印工作,每个人都对此书做出了贡献。感谢大家。

谨向我的老师、会员和学生们致以最深的祝福与感谢。

伊查克·爱迪思

1991年9月于加州桑塔·莫尼卡

目 录

谈话 1

管理的含义

一天下午，我跟自己的一位学生进行了一番交谈。这位学生聪颖且勤学好问。他想了解我所知道的管理——这正是我在世界各地都讲授过的内容，他问我能否抽出时间谈一谈我所熟知的这一领域。我很欣赏他的钻研精神，于是回答了他所提出的种种问题。当我们漫步于公园，就问题与答案彼此进行交流时，这本书便在我脑海里成形了。

我知道，20 多年来，您一直在研究管理与领导的过程。究竟什么是管理？

首先，我们必须定义**管理**一词的含义。

传统管理理论

我发现在某些语言中，比如瑞典语、法语和塞尔维亚—克罗地亚语中，“管理”一词没有对应的文字。在那些语言中，常常用“指挥”、“领导”或“行政管理”一类的词来代替“管理”。当他们打算表达我们在美国所说的“管理”时，往往用英语中的这个词来表达。例如，在西班牙语中，管理一词文字上译为“manejar”，意思是“处理”，而且只用来指马或者是小汽车。当他们想说美国人意义上的“管理”一词时，他们用的是“指挥”或“行政管理”。

管理过程难道不是一致的吗?

不一致。在某些国家，那种在美国所实行的、并且在美国商学院中所教授的管理过程是法律所禁止的。在南斯拉夫过去的自我管理体制下，如果管理者替企业做出了单方面的决策，他就有可能受到犯罪起诉。在南斯拉夫，管理被认为是一个民主谈判的过程。因此，管理者只能是“建议”，而决策是由工人来做的。在以色列的集体农庄“Kibbutz”中，书记掌握着管理权，但这一职位要定期重选一次，以防有人能长期统治别人。

您的意思是说，集体农庄的书记管理了一段时间之后，又回去挤牛奶了?

还有可能在饭厅服务或者去刷盘子。在那里，管理不是永恒的，就像没有哪一个选举出来的政府是永恒的一样。这种做法会使“开会”失去意义，他们都不是职业的管理者。

那么，究竟什么是管理呢?如果某些语言对此没有直译，某些社会政治制度又否认管理，或是在实践中禁止管理的话，字典中的同义词能否提供足够的定义呢?

你觉得有哪些同义词?

“决策”、“操作”、“计划”、“控制”、“组织”、“管辖”、“达到目标”、“领导”、“激励”、“完成任务”……

在好几本字典中，“管理”的同义词就是你已提到的这些。还有一些让人迷惑的同义词，例如在《美国大学生词典》中，包括有“支配”和“统治”，《牛津词典》加上了“操纵”和“共谋”。不过非常有趣的是，我所见到的词典中没有哪一本把“领导”或“激励”列为其同义词。

我不喜欢“共谋”和“操纵”一类的同义词。

那得有十分充足的理由才成。让我们分析一下我们所提到的除“领导”与“激励”之外的所有这些同义词的共同特性，看看这一理由是什么。想像一下这些词所描述的过程，让它们的含义活起来。你能找到其共同特性吗？操作——计划——控制——组织——管理——达到——完成。

它们都是单向过程，管理者告诉被管理者做什么。管理者决定该做什么，而被管理者不过是完成那一目的的一种手段而已。

为什么我们把管理者称为部门的“头儿”，而把难得的下属叫做“右手”，这就是原因所在！右手能恰如其分地完成头让它做的事，而左手行动起来就像是它还有自己的意志一样，左手不是完全可控制的。

但管理者同时也被称为是监督者呀！

因为监督者被认为具有更为高远的眼光。瞧一瞧军官的徽章，你可以把关军军衔徽章所代表的渐进的等级比喻为从树上爬到了天上。

尉官的杠代表树干，上尉有两杠，他正在爬树。少校有片叶子，代表着树顶。接下来上校是像鹰一样在翱翔，而将军所拥有的则是星星了。在组织等级中越往上走，他们的视野就应该越宽阔。这种哲学的问题在于下属的低下位置。他们在树上的位置越低，他们能看到的就越少，让他们知道的东西也越少。听听这个词：下属，他们是所属的下层。

如果把管理者称为上级，那职员是不是就该叫下级？

在希伯莱语中，下属字面上的意思是“弯曲”，就像管理者要把他们倒进模子去做自己想做的事一样。

这可真有点让人不舒服。

之所以让人不舒服，是因为管理过程在传授和实践的时候并不是一个与价值无关的过程。它不仅仅是科学与艺术，而且也是社会政治价值的一种表达形式。它是一个富有价值的政治过程。

刚才咱们排除了“激励”与“领导”，这些同义词是不是改进了那种明显带有等级制、单向式含义的管理过程？

从某种意义上讲，“领导”和“激励”的含义是什么？其涵义是不是说，作为管理者或领导者，我知道我想让下属做什么？挑战在于如何找到领导或激励他们做这件事的方法。如果我无法控制，也许我可以激励。这听起来像什么？

操纵。

对了！我想起了在《纽约人》杂志上看到的一幅卡通画。妈妈是一位心理学家，她正在想法劝儿子把垃圾倒掉，而儿子厌烦地说："好了，好了！我倒就是了，不过妈妈，请您不要想着去激励我。"甚至连孩子都把激励看成是操纵。他必须做的事其实早已被决定了，惟一要紧的是怎么让他去做。工会常常反对管理层用来激励工人的方案或扩大工作内容的方案，你难道不觉得有点奇怪吗？工人们把这些方案看作是只对管理当局有利的增加生产率和赢利能力的圈套。对工人而言，惟一的好处是他们可以保住自己的工作。

同义词"领导"也有与操纵同样的涵义。如果仔细阅读某些领导理论你就会发现，领导职能不是作为"决定需要做什么"和"为什么要做这件事"的过程来讨论的，讨论的实际上是"如何使追随者服从"。领导者应不应该指挥追随者或是与他们讨论决策？这可以被视为操纵，因为领导者不见得必须关照追随者真正的需要。在某些行业，管理是一个肮脏的字眼。在美国的艺术界，管理往往是剥削的同义词。

那么，您的看法是什么呢？

职能主义者的观点

我们必须通过管理所体现的职能来理解管理的作用：为什么我们需要管理？这一职能应该与价值观无关，也不应存在社会政治或文化的偏见。不论我们是管理我们自己、我们的家族、企业、非赢利组织，还是社会，它都应该是一样的。不论我们所说的是管理、作父母，还是统治国家，从概念上讲，它都应该是同一过程，惟一的差别就是规模和所管理的单位的性质不同。

听起来真来劲。我们从哪里开始呢？

你同意不同意这样一个观点，变革是连续的？从时光开始的那一刻起，这一过程就在进行，而且还将永远继续下去。这个世界在物质、社会、经济等各个方面都在变革，甚至此时此刻你都正在发生着变革，此时此地就在变革。

是吗?

而且变革会产生问题。

是这样。

问题则要求有解决办法。

没错。

解决办法会创造更多的变革。我们把这一顺序图示为：

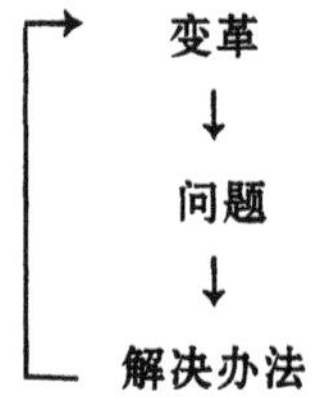

既然此时此地就有变革，那此时此地还有什么?

问题。

变革的量与速率越大越快，我们遇到的问题的量和复杂程度也就越大越高。

关键在于你别指望永久性地解决所有的问题。一系列的问题被解决之后，新的各种各样的问题又会产生。只有不再有变化时，我们才不会遇到问题，这种情况发生的时候只有在我们……

死了以后。

对了! 活着就意味着要解决问题，而成长则意味着你能够解决更大的问题。

管理、领导、作父母，或统治国家的目的恰恰是：解决今日的问题，为处理明日的问题做好准备。因为存在变革，所以才需要如此。如果不存在问题，也就不需要管理。但是只有在我们死的时候才不会有问题。管理就是活着，活着就意味着要经历伴随着各种问题的变革。

那么，我们如何才能管理变革呢?

我认为管理变革涉及两个过程。首先，你必须决定做什么，其次……

你不得不实施你的决策。

很好! 要想管理得好，两个过程都必不可少，两者合一就行了，所以我们有关管理过程的图示应该是这样的：

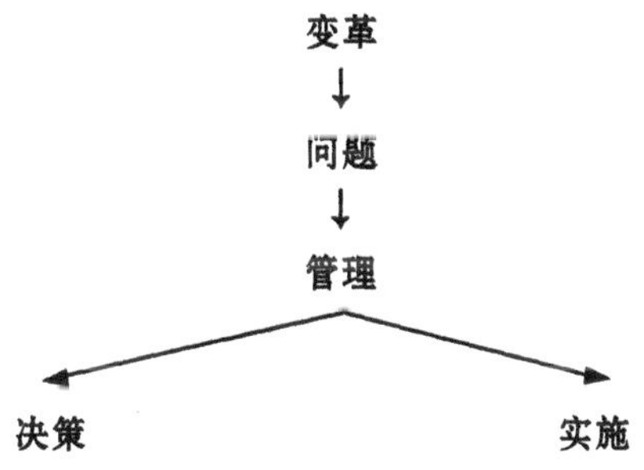

这些过程与价值观无关。你可以用它们来管理从地下犯罪到圣人社会的任何东西。只要存在变革，你就必须决策，而且你必须实施那些决策。

但这两个因素是不是都是真正必需的呢?有些人就憎恶决策，决策太痛苦了。难道他们不得不决策吗?

不做决策或者拖延也是一种决策。人们都无法逃避这样一个事实：那就是只要存在变化，他们就必须做出决策，否则的话这种变化本身就会为自己做出事实上的决策。然而做决策虽然是必需的，却还不够。他们还需要实施决策。

要想把管理工作做好，你需要同时制定好的决策，并且需要有效地加以实施。如果决策制定得不好而实施得好，或者是决策制定得好却实施得很糟，你就没有把管理工作做好。

等等!为什么决策因素是单独的?如果决策是好的决策，随之加以实施难道不是自然而然的事吗?事实上，除非决策包括了实施计划，否则就不能算是好的决策。因此，对管理工作而言，最需要的就是制定出色的决策。我的话完了。

没那么简单。瞧瞧你自个儿的生活，有多少决定是你做出之后却从未实施过的?即便是你坐下来，不折不扣地把你所要做的事列个单子，你仍然不会去实施这项决策的。

你抽烟吗?或许你有点饮食过量?由于你晓得这两种情况对自己没什么好处，你可能已经下定决心要改变这种生活习惯。然而，你却很可能不顾实施变革的详尽计划，而按同样的生活方式照行不误。

您的意思是我控制不了自己的生活?

你能吗?所有你做出的要改变现状的决策你都已经实施了吗?

没有。我现在还在为我减掉点体重而苦苦奋斗呢。我已经多次决定改变自己的饮食习惯，但却从来未能成功地做到这一点。真有点不好意思。

差不多任何组织都是这种情况。管理人员可能决定要改变发展方向、市场、生产线或者是组织文化，不过要实施这样的变化却非常之难。在治理国家时也会出现同样的现象。许多领导人抱怨他们有关变革的决策没有得到实施，甚至独裁者也是如此。例如，在步步进逼的盟军面前，希特勒就没能强行实施其烧毁德国的决策，尽管他拥有处决任何不遵从其命令的人的绝对权力，但他的决策还是没有被执行。

决策的制定和实施这两个因素对于管理变革而言不但是必要的，而且是充分的。如果我们想要解决问题并且做好管理工作，不论是我们自己的个人生活、职业、家庭，还是组织或者社会，我们都必须制定好的决策，然后有效地去实施这些决策。

是的，正像你的节食经历所揭示的那样，决策质量既不能预测也不能确保其实施的可能性。有些决策要求变革，即使它们非常出色，却得不到实施；有些不好的决策，像抽烟或者是大吃大喝，实施起来倒是快得不得了。

为什么会这样?

因为决策制定和实施这两个过程是不相称的。就像你拿着两本书，一本书告诉你该如何制定好的决策，而另一本书告诉你的是如何实施决策。你按照如何制定好的决策的要求去做，这些要求会有损于你所做出的有效实施决策的努力；而你按照如何有效实施的要求去做，它们又会有损于你制定好的决策的能力。

要是您能举个例子，我会理解得更清楚些。

我们来看一看政治制度。哪种制度是为增加制定好决策的可能性而设计的?哪种制度助长了公开讨论，而且极力保护信息、言论和出版自由，以便能够制定出好决策?

民主制。

对的。但你注意没注意到，在民主制下实施要求变革的公共政策方面的决策有多难?制定决策所必需的合法的政治纷争在实施中变成了一种障碍。民主体制下的大多数领导人抱怨他们的决策在实施时没有他们想像的那么快。

那么，哪种政治体制不允许讨论、纷争或问题的存在，并很快就能实施决策呢?

极权体制。

是这样，而且极权统治常常会做出坏决策。为什么?因为高效实施是通过禁止出版、纷争和言论的自由而完成的。“去干吧，否则的话……”这种做法阻碍了形成有水准的判断所必需的信息交流。这种统治常常产生带来可怕后果的并带有偏见性的决策，而并非高质量的决策。

您的意思是不是好的管理者在决策制定时要民主，而在实施时要独裁?

完全正确!在个人生活中这就意味着为了做出好的决策，你必须放开思路，你必须对自己的意见和他人的意见都采取民主的做法。但是，一旦决策已定，你就必须专断，在个人生活中这就意味着你必须专心致志于这一决策，态度坚定，贯彻到底。

这可是说起来容易做起来难哪。

绝对如此。我把决策制定时民主而实施时专断称之为“民主决断制”。这是一个非常困难的过程。许多人管理不当是因为把这一过程给弄倒了：他们在决策制定时专断，在实施时却很民主。

我想我就是这样。在做减肥决策时我很专断，“我已经完全下定决心了，再不多说什么了，这就是最后的决定。”直到三明治递到面前之前我都是挺坚决的。但接下来，我就顺水推舟转向了民主，开始留意不同的声音了。

我的朋友，你已经理解这个问题了。你必须按照正确的顺序具备民主和专断，你必须能够民主化，然后才是专断。困难之处就在于“然后”一词，你什么时候停止民主化，开始变得专断起来?你什么时候让争议之声安静下来?有些人在决策制定时很民主，到了实施阶段依然如此，他们会因总是改变自己的决策而没有效率可言。另一方面，态度坚定者能够高效地进行实施，但他们封闭的意识却损害了决策制定过程。跟他们讲道理很难，因为他们听不进话，结果是他们在信息不充分或有偏见的基础上做出了决策。民主风格有效益却没效率，与此相反，极权风格是有效率却没效益。

您的意思是不是说民主并不是一种有效率的制度。

是这个意思。如果你想让民主制成为一种有效率的政治过程，它就会丧失其效益。

与此同理，您是不是说极权统治不可能有效益?仔细想想，确实如此。苏联经济在其中央计划模式之下，在依据计划生产方面就存在问题——甚至存在食物短缺现象。

极权统治是没有效益的，他们越是变得民主，他们就会越有效益。

不过那样的话，他们就不得不放弃某些政治效率。

没错，不过这也不是件容易的事。人们总是想在不丧失已有的东西的情况下拥有更多的东西，他们更喜欢“有余”而不是“取而代之”。

要管理好、领导好、当好父母、治理好国家，就意味着要决策并且实施，先民主，后决断。这很微妙，不仅是在管理企业时微妙，在家庭和个人生活管理中也很微妙。这也是为什么管理过程如此困难的原因之一。

你必须在不同的时机进行决策和实施，开放思想，坚决果断，你必须了解哪种思想框架在哪一时机是正确的。从这个角度去定义，管理是一个包含一切的、统一的、与价值观无关的过程。

$$\text{管理质量} = f\begin{Bmatrix} \text{1. 决策质量} \\ \text{2. 实施效率} \end{Bmatrix}$$

我想我已经搞清楚了，两个因素都是必不可少的，加起来就够了。我们决策得越好而且实施得越有效率，管理得也就越好。但如何才能做出那些好的决策并且高效地加以实施呢?如何衡量决策质量?当然，我可以在结果出来之后面对事实来分析一项决策，然后说：“那

项决策不错。”但马后炮式的事后分析不就太晚了吗?

这个问题很有意思，咱们下次再谈。明天怎么样?老时间，老地点?

好吧。谢谢您，明天见。

谈话 2

预测决策质量

昨天咱们谈到哪儿了?

您说，管理、领导、作父母或治理国家的质量，取决于所制定决策的质量以及实施效率。今天我们要讨论如何做出好的决策。

为了制定一项好的决策，我们需要了解如何预测决策质量。我们肯定不愿意在决策实施之后再去分析它，然后才判断它是成功了还是失败了。

但您如何才能做到这一点呢?

我举个例子。假定我们手头有这么一个案例，这个案例材料中包括了诊断和解决问题的全部所需信息。我们把这个案例提供给一个 4 人小组。除了案例材料所提供的内容之外，这 4 个人对这个案例一无所知，也就是说，除此之外他们没有任何额外信息。

我们要求他们共同研究问题并设计解决方案，让他们把问题和解决办法都写下来，把结果装在信封里交给我们。

现在再选 4 个人，布置给他们同样的任务。除了材料之外，他们也没有任何多余的信息，他们拿到手的是完全一样的任务之后，我们便有了两个封起来的信封。

那么，我们是不是将会看到，这些信封中装着同样的问题和同样的解决方案呢?

不会，最大的可能是装着不同的问题和不同的解决方案。

对的。但为什么?案例是一样的，两个小组所掌握的信息也完全相同，为什么问题和解决方案却不一样呢?

因为人不同!

你已经抓住了管理或领导过程的关键因素!为了搞好管理，你必须去管理那些写下信封中内容的人，而不是去管理装在信封中的问题本身。不少管理者说：“我热爱管理工作。但我忍受不了的是那些人!”如果你不喜欢与人打交道，那你就选错了职业。非常之多的管理者、领导以及成长中孩子的父母会说：“把信封给我。”他们打开信封之后说：“问题错了!解决方法也错了!正确的问题和正确的解决办法是这样的……”他们认为自己是在管理，是在领导，或是在为人父母，而他们真正在做的实际上仅仅只是工作努力而已。即使他们接受了信封中所写的内容，他们怎么知道自己找到的就是正确的问题与正确的解决办法呢?

但如果他们是管理者的话，他们就应该比自己的员工知道的更多一些。这也是他们薪水拿得更高的原因，对不对?难道他们不是因此才被选为领导的吗?

他们是应该知道得更多一点，但他们真的知道得更多吗?薪水更高是否能确保一个人懂得更多?领导是不是一定就懂得更多?

那为什么管理者的薪水更高?我们为什么给领导者酬劳呢?

那不是因为他们对问题或解决问题的办法知道得更多。如何发现合适的人，“有知识的人”，并对这些人加以管理以找到正确的答案——他们应该为懂得这些内容而获得更高的酬劳。要是管理者声称自己什么都懂，企业就会陷入麻烦当中了。

管理者要想找到正确的问题和正确的答案，他们就必须使恰当的人选与手头的案例相配。他们必须创造出能使这些人达到正确的问题和正确的解决方案的环境。

但是作为领导者或者是管理者，我怎么才能认识到真正的问题和真正的解决方案呢?我怎么才能把正确的问题和解决办法同错误的问题和解决办法区分开来?如果我不一定比自己所领导或管理的人懂得更多，那么如何评价他们的决策呢?我很可能出错，对不对?

要想知道一个人提出的决策是好是坏，你必须问两个问题。如果这两个问题都得到了肯定的回答，那你就找到了正确的问题与正确的解决办法。两个问题中有一个答案是否定的，你得到的就是错误的问题和错误的解决方法。

哪两个问题?

要理解这两个问题的内容咱们还得多谈几次。刚开始的时候，咱们的谈话可能会显得有点复杂和过于学术化，不过到后来，这些概念的用处与适用性以及它们如何能把答案引向那两个问题就会变得清晰明了了。

我准备好了，咱们开始吧!

制定决策的四大角色

没有哪一项决策是在真空中制定的，制定决策是为了达到某种目的。如果决策达到了所期望的结果，它就是一项好的决策。决策质量应该根据它对制定决策的系统的影响来评估。所以，一项决策如果使得组织在短期和长期都有效益和效率的话，这项决策就是好决策。

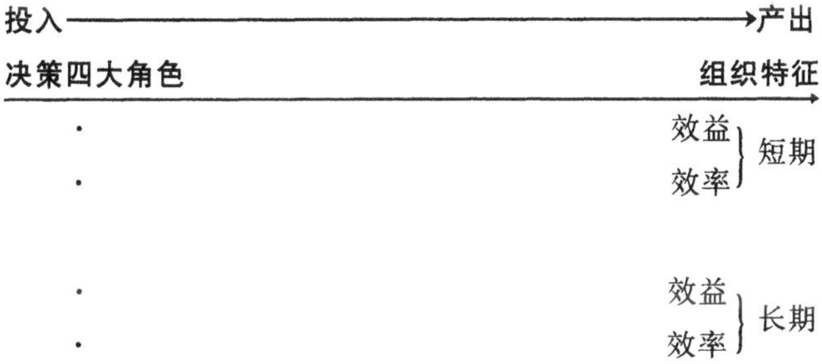

投入 → 产出

决策四大角色	组织特征	
·	效益	短期
·	效率	
·	效益	长期
·	效率	

现在我们来讨论一下能够使组织短期与长期都有效益与效率的好的决策的特征。

我一直在研究多个国家的管理实践活动，关注着不同条件下所发生的情况。我就像过去英国海船上的一位医生一样：他在一艘与世隔绝的船上发现，当人们的饮食中缺乏维他命 C 时，他们会得坏血病。我研究了某些管理职能被法律所禁止的几个国家的管理实践，对出现的管理“病症”进行了观察分析。通过这种做法，我确认了必不可少的特征，即 4 种“维他命”，我把它们称之为产生健康企业的“决策角色”。所谓健康企业就是短期和长期都有效益和效率的企业，这些角色中少了任何一样，都会出现一种相应的管理不当模式。我可以通过分析哪些角色发挥着作用、哪些角色没发挥作用来分析预测一项决策的结果。

您是说不管什么时候，只要有一种角色没起作用，就会出现典型的管理不当现象。通过了解哪种角色没发挥作用，您就可以预知这个企业是否是管理失当以及从短期或长期看它是否有效益或有效率。

是这样。

然后您就可以把管理问题视作病症，确认是哪种角色没有发挥作用引起了这些病症，再在系统中注入某种或某些角色，从而引导组织回到健康状态。

对！我把组织视为一个总系统，然后再看是什么使得它“健康”或“生病”。我通过诊治总系统来解决各种特殊问题。我把这种做法称之为爱迪思法。爱迪思法提供了一套具有治疗与预防作用的管理理论。例如，有一家公司在这一方法及其他因素的帮助之下，10 年之内销售额由 1 200 万美元上升到了 7.5 亿美元，而股份却没有任何丧失。

另一家公司的销售额也从 1.5 亿美元增加到了 25 亿美元，股份同样没有任何损失。

这种益处持久吗？

如果企业能够重复运用这一方法，受其滋养，是有可能持久的，然而，从长期看，这一方法的效果也会消失，最终企业还是会丧失所受益处。这一点跟锻炼或者合理饮食是一个道理。

任何人都能运用它吗?

只要经过正确的培训就行。

它与传统的咨询专家所做的有什么不同?

我们不开药方，也就是说，我们不写咨询报告。我们让企业释放并利用其自身的能量来照顾自己。我们教导企业产生“维他命”，以便它们能在我们不进一步干涉的情况下保持健康。典型的咨询人员不会教你如何保持健康，你总是需要持续不断地被定期灌输他们的咨询服务。这一方法则有所不同。在帮助企业变革的同时，它又使企业具备了处理未来问题的能力。这样企业就不会形成对外界干预的依赖，它教企业如何正确而持续地管理自己。

我想多了解一点。这 4 个角色是什么?

短期与长期效益

首先，决策必须要使企业有效益。如果一项决策不能产生效益，这项决策就不能算是好的决策。

“效益”意味着什么?

从短期看，如果一个企业即时的短期行为是起作用的，这个企业就是有效益的。

您所说的“起作用”是指什么?

当一项决策能够满足制定决策的即时需要时，这项决策就是起作用的。每当制定一项决策时，我们都有一个目标，想完成某件事情。如果锤子敲在钉子上，钉钉子就是起作用的，然而我们不会毫无目的地钉钉子。肯定会有一个目标，比方说，我们是在做一个装饰架。总是存在我们想要满足的需求、我们想要解决的问题。短期效益就是把钉子按照某种正确的方式钉进去，连续地钉钉子使得装饰架生产出来则是长期效益。要是我们所做出的钉子以及做装饰架的决策没有满足要求，或者是没有解决问题，那么这项决策就是无效的。

请再给我举个例子。

读一本书的时候，你会有一种从书中得到什么的预期。如果读这本书没有满足你的预期，你可能会觉得自己浪费了时间与金钱。婚姻也是如此，我们跟某人结婚是因为我们有某种需要和预期。如果这些预期没有满足，我们可能觉得自己做了一个错误的决定，或者选错了结婚对象。这样的婚姻就没有起作用。无论明确与否，我们制定的每一项决策都是满足某种需求的，只不过我们常常没有或者不能把这些需求表述出来罢了。每项决策的制定都是为了发挥作用、为了产生一定的预期结果。

请继续。

长期效益是指企业正在达到其为之而存在的目标，而短期效益则是指做好我们正在做的事情，从而推动我们朝着满足那一目标的方向前进。

对企业而言就是利润，对吗？

是的，那是最终产出，不过可别犯我在拙著《如何解决管理失当危机》一书中犯过的错误。那本书中的错误就是把投入、过程和产出给弄混了。你难道没见过那些过分专注于利润以致于快要破产的企业吗?他们不是因为没有关注利润才赔钱，恰恰是因为他们全神贯注于利润才赔了钱。如果你全神贯注于快乐，把它作为一个目标，每天早晨醒来后就告诉自己："我今天必须快乐。"你可能会把自己搞得很不愉快。对于健康而言也是如此，执迷于健康问题可能会使你成为疑病症患者。利润就跟快乐、健康和民主一样，它是产出，而不是投入。利润就像是网球赛中的比分，人们玩网球的时候总是注意比分胜过注意球，这样的人太多了。如果你有一位很好的网球教练，他会告诉你在打球的时候别想分数。每次击球都应该像比赛中第一次击球一样，就当你是从零开始。如果你全神贯注于分数，你不可能打好球。

做管理工作也是同样的道理。我不同意那些把全部注意力都放在按结果来管理的书所持的观点。如果正确的程序是按结果来管理，那么按结果来管理是机械式的。这种管理基本是按产出(或说是"比分")在管理，对投入和过程的关注程度很低，对达到目标的手段也缺乏基本的关注。

枪法就是对达到目标的手段要充分重视的一个好例子。神枪手的目标是射中靶心，要射中靶心，你必须把枪的瞄准器与靶子连成一线，瞄准器就是你借以击中靶子的手段。

这与达到目标的手段有什么联系呢?

人眼就像是照像机，眼睛不可能用同样的清晰度同时聚焦于靶子和瞄准器。靶子在百码之外，而在瞄准器上也就几英寸的事。大多数人注意的都是靶子，也就是他们想达到的目标。在这样做的过程中他们肯定不那么重视瞄准器，也就是达到目标的手段，而瞄准器上只要有百分之一英寸的误差，子弹击中靶子的位置就会大不相同，也许能否击中靶子都是个问题。

总有人相信目标比手段重要，所以他们忽视了达到目标的过程的重要性，然而过程中轻微的偏移都可能使想要达到的结果失败。你必须专注于瞄准器，并且接受目标的相对模糊。要锻炼你的思维，使之集中于手段，集中于目标或是你想要达到的结果的**方向**。

这很有意思。我总是对自己想去哪儿想得更多一些，而不怎么考虑如何去那儿。

不光你如此。目标总是令人振奋，考虑手段和价值观(价值观应该统管着如何达到目标)常常是复杂而令人生厌的。

在管理企业时，如果关注的不是利润，我们应该关注什么呢?你能忽视利润吗?难道打球的目的不是为了赢吗?

首先，它并不是这样的利润。如果你制定的是有效益也有效率的决策，就会产生附加值。利润是衡量附加值的一种方法。对于一些企业而言，它是正确的衡量手段，但对于其他非营利性组织来说，则是一种完全错误的衡量手段。

投入 ——→ 决策角色	产出 组织特征	
--	效益	短期
--	效率	
--	效益	长期
--	效率	

短期与长期利润 = 附加价值

我们更进一步看一下这一点。如果你有效益，那就是说你做了一些起作用的事，你已经满足了一种需求。这种满足是通过人们愿意为它付出的事实来表明的。但付出的不见得就是钱。它也可以用人们愿意花多长时间排队等候免费的服务来衡量——服务是免费的，获得服务则具竞争性。如果你能有效率地提供服务，你提供服务所用的成本就最小。人们在一个竞争的环境中愿意付给你的东西多于你所耗费的东西时，你就创造了附加价值，满足这种要求的价值就高于产生满足的成本。因此，利润是附加价值的一种表现形式，也是对企业的一种恰当的评价手段，因为企业在社会中的目标是经济性的。

对于其他非营利性组织而言，其社会目标或职能是不同的，附加价值也应该不同地加以衡量。以医院为例，医院类型不同，衡量附加价值的方法也一定有所不同。对于教学性医院来说，附加价值可以在维持其经济活力的同时以毕业的医学博士数来衡量。如果是研究性质的医院，则可以用其成员在专业杂志上发表的文章数来衡量。

非营利性组织首先应关注的是其社会职能，其次是它必须创造的价值以及如何衡量这一价值，最后才是使创造这一价值的成本最小化。我们应该从如何创造价值、如何发挥作用开始。从长期来看，应该集中精力关注如何对组织所属的更大的系统做出贡献。这就是说，我们必须关注如何达到组织为之而存在的目标。

我怎么才能做到这一点呢?

组织存在的理由在其发端时最为清晰，那时它是为确定的目的而建立的。让我们通过一个比喻来加以说明。

周五的晚上，5 个朋友聚在一起喝啤酒。喝酒的时候，有人建议第二天早晨长途步行去最近的一个湖玩。大家满心赞同。第二天，他们沿着一条狭窄的山路朝那个湖走去。他们一边走，一边吹着口哨、讲着笑话、嬉笑着，也许还彼此争论着问题。

现在想像这群人到了这条窄路的某一地点时有块岩石挡住了他们的去路。岩石太大了，他们中间没有一个人能单独移动它。现在这帮人该怎么办?

移动巨石。

由于没有人能独自一个人把它抬起来，他们不得不相互商量，决定该做什么。

他们有可能决定移动巨石，也可能决定随便到哪里去宿营，不去湖边了，他们还可能决定回家去做烤肉。

首先请注意，这5个人是朋友。他们的友谊和归属感是通过共同做某件事情表现出来的。第一次，这种需要通过喝啤酒得到了满足，接下来通过远足去湖边得到了满足，再接下来，是通过共同搬开岩石或者去做其他什么事情来得到满足。联系与相互联系是我们存在的最终目的。在这个世界上，没有一件事物能不为与其机能相关的其他事物服务而存在。我写字用的笔如果不能在纸上留下印迹就没有任何意义。除非氧气能滋养我的身体，否则呼吸也没有用处。没有一件事物是在自身起作用的。任何事物的机能都要通过它如何服务于自己的客户来评价，任何系统存在的最终目的都是整合(integration)，这就是管理的I角色。确定能够满足这一最终目的的新需求的过程——去远足而不是喝啤酒，则是创新(entrepreneuring)，这是管理的E角色。具体的行动，不论是喝啤酒、远足去湖边、搬开路上的石头，或者是其他任何在当时能满足相互联系目的的行为，都是执行(performing)，这是管理的P角色。

现在假定这5个朋友中的一位有一个能有效率地搬动岩石的系统，这个人在以前就多次运用过这一系统，而且已经形成了很有效率的程序。这群人不需要通过试验和错误就能完成这项工作。这就是行政(administering)，管理的A角色。

您能把这四大角色讲得详细一点，同时给我举几个例子吗?

P角色关注的是现在做什么，它是从我们为什么要做这件事推导而来的。E角色关注的是我们为什么要做某事——我们行动的原因，它所关注的是我们长期的需求。但无论是短期还是长期，不管我们做什么事情都需要关系。每一个问题后面都存在一个没有发挥作用的关系，解决的办法就是让这一关系发挥作用。在个人生活中，这种对关系的需要被称为是爱的需要，生活中的每一个问题都是缺乏爱的表现，解决办法就是去体验爱。我们做任何事情的最终原因，即相互联系，是I角色。这种最终的连续的需求即整合，它是用不同的渴求来表示的，比如一起去喝啤酒，一起去远足，或者一起去划船。确认有助于鼓励和表达相互联系的新的需求的过程即创新E。满足需求的行动即通过执行角色P来提供所需的服务。

所以E角色能够确认新的需求，这种新的需求可以表达、鼓励并满足这种相互联系的目的。而P角色则是完成企业为之而存在的当前目标，也就是说，是完成相互联系的目的。

对。某些大型组织的问题正在于，到他们雇用了几千人的时候，其员工很少有人知道他们为什么而走、他们想往哪儿走或者巨石在哪儿，即使有知道的也是极少数。

是不是因为他们所有的人都坐在了巨石上?

是这样，而且彼此在推推搡搡，这个说："你踩着我了。"那个说："不对，是你踩着我了。"他们都执迷于地盘之争。他们把时间都花在了考虑责任上面，而对他们相互联系、相互依赖的目的和益处却漠不关心。

这很有意思，但如何与您的观点相一致起来呢?

相互联系、整合角色I是连续而永恒的，它把自己用将来我们希望去满足的不同的需求表达出来。它就像是那句"精神连续而永恒"的名言。我们出生的时候，精神通过不同的人表达出来；我们死了以后，它们仍继续存在，整合I这一角色只要我们为一个整体而彼此服务就会存在，当然，这个整体接下来也会服务于我们。那是一条通过你的行为而不是通过你的肉体的永生之路。

被整合以及有机地相互依赖这一最终目的是持续不断的，就像精神是持续不断的一样。当一种特殊的有机的相互依赖被确认，也做出了实现这种关系的承诺之后，公司作为有机的相互依赖关系的形式就诞生了，其方式就如同身体体现了精神一样。

这种特殊机能是什么?这一切是如何发生的?这种持续的相互依赖作为一种特殊的表达是什么时候开始的?组织什么时候才会诞生?

当企业的创业者受到鼓舞去开办一家企业时，他们会给银行、父母或任何需要联系的人打电话。他们贷来款之后，建立了这家公司。那么，在受到鼓舞的那天，他们在自己眼前看到的是什么?看到的是利润吗?

我不这样认为。人们在开创企业时，在起初的几个月，有时甚至是几年的时间内，不会见到任何利润。事实上，如果他们在那段时间停了生意去给别人打工赚的钱会更多一些。

那么，他们看到的是什么呢?

创造利润的机会。

请注意选词，是创造利润的机会。这就是说，你必须把注意力集中到这个机会上，如果你能正确地利用这一机会，就会积累起利润。从我们前面的比喻中你就能明白，利润是靶心，而机会则是瞄准器。你必须全神贯注于机会，如果能很有效地做到这一点，就会创造利润，那么你认为机会是什么呢?

附加价值是通过满足需求创造出来的，当然，所满足的是别人在满足之后愿意偿付的需求。所以我们这里谈论的机会是市场上还没有被很好地满足或根本未被满足的需求，这种需求可以被创业者正在规划中的新企业所满足。创业者看到的是他们相信自己能够满足而且也应该去满足的各种需求，需求与才干相遇时，机会就诞生了。

说得对。当这种相互依赖性被认识到，并且满足相互依赖性的承诺已做出之后，一个企业就诞生了。首先要注意的事情是：创业者是有意识的，他们不是在睡大觉。他们对超出自己能力范围的其他事情是意识到、认识到，也很敏感的。在相互依赖的意识即 I 角色之外，对特殊的所感知到的能够满足也应该满足的各种需求产生了一种特殊的认识。这种需求可能是冰淇凌，也可能是能治某种疾病的新药，这是 E 角色作用在于确认应该被满足的长期的特殊需求。接下来创业者会沿着满足这一长期需求的道路前进，在这一过程中他们会遇到障碍(巨石)。P 角色，可以移开巨石，使创业者更加接近其长期目标 E 时却不破坏整个事业的总体目标，这是一种有机的相互联系。

周五晚上建议去远足的那个人注意到了一种从经验出发的相互联系的新需求，它有可能是去湖边或者是去山颠。他(或者是她)对人们渴求什么是很敏感的。当这群人越过巨石之后，这个人应该对有机的相互联系的总体需求仍然保持着敏感。在这种情况下，他(或她)应该领导移动那块巨石或放弃远足的过程。

您所说的“有机的相互联系”是指什么?

我的意思是创造附加值。如果移动巨石的过程产生了紧张与不和，而远足原来的目的是让大家一起轻松一下，他(或她)应该做什么呢?

改变目的地。

婚姻也是这样。结婚的目的是什么?是生儿育女，还是爱与被爱，在哪种情况下孩子是夫妻相爱的一种表达?不能生育孩子的夫妇又会怎么样呢?他们是该离婚，还是可以找到其他的表达爱的方式，通过这种方式他们能否表达结合在一起的目的?如果他们在婚姻中出了问题会是什么?这些问题就是阻碍他们前往湖边的“巨石”：诸如职业选择、买什么样的房子、怎样花钱之类的事情。如何才能搬开这些巨石?正确的决策是什么?这取决于他们的承诺是什么，或者说是当初他们为什么而结合。如果承诺是爱，那么如何恰当地移开巨石就是正确的，而狂热地坚持爱则可能是非常错误的。有可能在他们搬开巨石、到了湖边时，才发现自己破坏了他们当初要去湖边的目的。

在结婚、从事领导工作、为人父母，即建立婚姻关系或者普遍意义上的相互关系时，记住问自己一句：这种关系第一位的目标是什么?你放在首位的承诺是什么?如果你是清醒的，答案就是爱；如果你是糊涂的，答案就是如何让爱转化为夫妻生活，如何使爱成为一种放松。这一点在后来会更为明了。眼下，先尽你的所能问问自己，你们所做的承诺是什么?你的企业为之而存在的相互关系的长期与短期需求是什么?(不管这一企业是你本人、你的婚姻、你的企业，还是一个社会)?接下来，问问自己，你在不损害这种相互关系本身的前提下，应该如何满足这些需求。

如果单个的人不能满足这种需求，企业便诞生了。如果它们能够被单个的人满足，那就不需要家庭、企业、国家或者全球性的社会。任何企业的目标都是满足其客户的需求，这种需求单个的人是无法满足的。当企业非常年轻时，这一目标是清晰明确的，因为年轻的企业不能忘记自己的客户。如果它忘了，企业就会破产。公司总希望顾客是回头客，否则的话它就有可能付不出工资。

随着企业的成长，它们越来越把注意力放在了分数，放在了利润，放在了可衡量的产出，放在了湖边。他们忘记了客户是谁，他们必须满足什么样的需求。他们开始全神贯注于利润。到了这种时候，许多公司会破产，其原因不是它们不关注利润，而是因为它们把注意力全都放在了利润上。

但是原因何在呢?为什么它们会随着成长而变得越来越远视?这有点像人老的时候人的视力发生的变化。

这是我的另一本书《企业生命周期》的主题。如果有兴趣，你可以去翻翻那本书。

要想制定出短期与长期的有效决策，你必须满足你行为的当前的缘由,并且满足你所做事情的长期原因的需求,而且它还必须是在你为何而存在的范围内完成。这一理由是机能性相关的,也就是说,是爱与被爱,这在后来会变得更为明了。你是通过满足你的客户的需求来做到这一点的。简而言之,分析你的客户,确认他们需要和希望从你那里得到什么,而且这些东西是你能够提供也应该提供的,然后再去行动。

我明白了。我应该分析我的消费者!

不对。我特意用了“客户”一词，而不是“消费者”。许多人混淆了这两个概念。

它们有什么差别?

每一企业实体都有客户，这些客户就是各种个体，或各种个体群，这一企业实体的建立就是为了满足他们的需求。每一个企业单位，哪怕它不与消费者打交道，也都有自己的客户。付钱给你的客户被称为消费者。对于经销部门而言，其客户是……

消费者。

对了。他们是外在的付费性质的客户。你说，会计部门的客户在哪里?

在企业内部。

对外部客户怎么做，你对内部客户也该怎么做。对于消费者你要进行市场营销研究，对不对?你会问他们：“您想要什么?您得到满足了吗?”那么，对内部客户也要做同样的事情。研究他们的需求，你会了解到很多东西，就像公司在实施市场营销研究时所了解到的一样，有时企业会了解到，消费者不想要的东西被大量提供，而消费者想要的东西却根本没有提供。对内部客户，也是同样道理。

如果想在短期内产生效益，你在决策时必须采取的第一个步骤就是找出谁是你现在的客户，他们当前的需求是什么。通过对相互联系与相互依赖的了解，通过所具有的属于一个更大的事物体系的辨别力，你就能做到这一点。这就是 I 角色。确认顾客需要被满足的长期需求的是 E 角色。以后我们要详细地讨论这些角色。在这里，这些角色的作用是确认组织为谁而存在以及其存在的原因。而即时行为本身，也就是我们正在做的事情(比如制鞋或者是搬动巨石)，则是 P 角色，即实施任务，提供这种相互联系的关系存在所要求的需求满足。

也许这张图能让你看得更清楚一些。

决策目的	**角色**
为谁，谁是客户，我们为什么存在……………………………	I
他们的需求是什么，即我们做事的原因……………………………	E
我们做什么来满足这些需求……………………………	P
我们如何不断地花最小的代价来满足那些需求……………………	A

如何才能衡量并证实您正在做的事情，即 P 角色呢?

短期效益可以通过日常业务来衡量。要是你的客户没有回来，显然你就没有满足他们的需求。这一点也适用于社会。你出美国时他们不查你的护照，只在回来时才查，这是不是很有意思?哪一国人民的需求得到了更大的满足?这一点对婚姻而言也是同样的。

如果内部客户别无选择会是什么情况?如果不准外面的人去满足他们的需求会怎么样呢?

有些客户会回来,因为你对他们的需求拥有垄断权。他们顶多也就是抱怨一下。最糟的是你听不到抱怨的时候,因为你什么也听不到,所以似乎是一切平安,而漠然与死亡只有一步之遥。在这种情况下,你的责任甚至更大,你要主动了解客户回头是因为你满足了他们的需求,还是因为他们不得不回来。主动着手去做可不是件容易的事,因为你可能非常轻易地就避免了这样做。不存在这样做的外部压力。这也是在婚姻中我们要对配偶的需求、对他或她想从婚姻中得到什么必须特别留意的原因所在。我们不能泛泛地以想当然的态度对待我们的配偶,因为作为配偶,他或是她没有到婚姻以外去寻求满足自己需求的选择。

你想在短期内奏效吗?确认客户，即 I 角色，然后再确认他们的需求，即 E 角色，满足这些需求是 P 角色，这样你的顾客就会再次回到你身边。

您能再复述一遍吗?

I 角色告诉你客户是谁，而 E 角色告诉你他们长期的需求是什么。要落实 P 角色，你必须去搬开阻碍你的“巨石”，这些巨石阻碍你去满足需求。这一过程中，你是在不破坏这种关系发挥作用的情况下与这种需求相联系的。我不同意有些书中所说“管理者就是管理者。如果你是管理者，你就能管任何事情”。这样说是不正确的——除非你再加上几个字：过了一段时间之后。

这是什么意思?

当你变换工作的时候，不论是在公司内部还是离开这家公司去了另一家公司，你都会遇到一个新的组织以及一群新客户。不存在两个完全相同的组织，就像不存在两个完全相同的人一样。他们也可能相似，但绝对不会相同。即使是同一家银行也不存在两个完全一样的支行。它们在不同的街角，有着不同的停车问题，同时吸引着来自不同行业的消费者。

那么，我必须做些什么呢?

你必须研究新的巨石。你应该关注什么呢?人的正常倾向是把注意力放在什么上面?是放在相似性上还是放在差异性上?

人们总是关注相似性，他们总是试图发现自己是否认识某件事物。当他们认识到一项自己已经了解的任务时，他们就找到了一种舒适感。你正在退缩，这是不是一个典型的错误?

你还必须找出差异性。只有到那时，你才能设计出一套规矩并使所制定的战略满足那一时刻的特殊需求。当你在自己的生活中找到了新的恋情时，你是在找相似性，你告诉对方“你使我回想起昔日的芬芳”，还是找出这个新人的不同寻常之处?

显而易见，最好还是后者。

在管理工作中也是同样的道理。你应该问“这块巨石与我所知道的巨石有什么不同?”要想有成效，成为一名优秀的管理人员，不论你是监工、部门经理、父母，还是社会政治领袖，你都应该了解自己的客户在那一时刻独一无二的需求，然后凭借自己独特的能力去熟练地满足这些需求。

您说管理就是决策和实施。为了决策，需要实施四大角色。第一个，是 P 角色，它将使得组织在短期内有成效。它要求我们满足客户的即时需求，并采取满足这些需求的措施，对吗?

对的，要做到这一点，你需要心理学家所称的成就动机。你必须想要完成某些事情。如果了解顾客的需求，也知道如何去满足他们但却缺乏成就动机，你只能作一个好的参谋人员。你可以辅助管理者管理，写写备忘录，做做推荐什么的。另一方面讲，如果具有取得成就的动机，但却不知道必须完成什么，也不懂得如何去完成，你就很危险了。你是一枚不制导的导弹。这种情形常见于热情很高的年轻主管，他们充满了热情，但缺乏知识或经验。

在政府部门，我们有许多不经选举的技术官僚在被授权后而急于运用权力的例子。政治家需要这些人来做事情，但如果这些技术官僚没有一点政治经验和判断力，他们就会滥用权力，从而使其老板的政治存在陷入险境。

能够发挥作用并制定有效决策的好的管理者，必须是有知识的成就者。光有知识不行，光是成就者也不行。

这涵盖了在短期内有成效的办法：实施! 实施! 实施! 首先确认客户，其次确认只有你才能极好地满足的需求，第三，去实施它。我对这些角色还是不太清楚，但我相信再讨论几次就清楚了。

会清楚的。我们肯定要多阐述几次这些角色。今天就到这里吧。咱们去游个泳，休息休息，过段时间再聊。

谢谢您。

谈话 3

效率与效益

上次咱们讲到什么地方了?

我们讨论了通过满足即时的客户需求来获得短期效益。就一项好的决策而言，短期内有效益是必不可少的。制定出好的决策，管理就成功了一半。

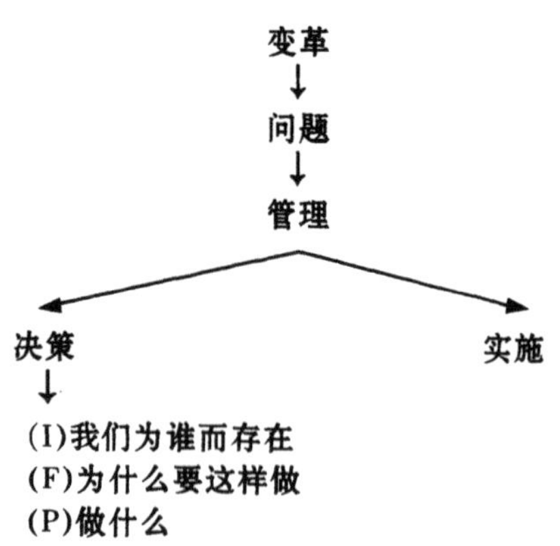

我们为什么必须做出决策?

因为存在各种各样的问题，存在问题又是因为存在变革，如上图所示。

P 角色使企业产生短期效益，因为它能够满足当前客户的当前需求。

那么，效率呢?

短期效率也是必不可少的。要做到这一点，你需要实施另一个角色，我称之为 A 角色，即行政(administer)。

要想有效率，你需要把企业系统化，使其工作程序成为常规。必须在恰当的时间，以恰当的规则、恰当的强度、恰当的顺序完成恰当的事情。

你必须找到最有效地做事情的方法。需要使某件东西转动起来时，用不着每一次都去发明轮子，你只需使得发明轮子的过程成为常规，从而设计出生产轮子的最佳方式就行了。这需要充分注意细节、过程，还要有一个好的记忆力。它要求你在工作中不但要很努力，而且更要训练有素。

请举一个例子。

你饿的时候就会吃东西，对不对?

对。

如果能解决你的饥饿问题，吃东西的决策就是有效的。这是 P。现在，如果你把吃东西的习惯用一种节食方案制度化，那么关于正确节食的决策就使得你有效率。你用不着再花时间去考虑某种东西你是该吃还是不该吃。在制定节食决策时，你正是在实施 A 角色。

这一点很有意义，即决策应该产生效益与效率。我能不能只有效益没有效率?

这个问题提得好。让我们再看一看你是如何打网球的。把球击过网，打到你对手的场地上去，这证明你击球的决策产生了效益。但是，为了有效率，你必须做什么呢?你必须使自己的击球制度化，你必须学会怎样正确握拍及移动身体。教练通过一次又一次地从同一方向给你发球来训练你，从而让你有一个系统的反应。这有助于你形成正确的移位和挥拍，从而使你击球时力道最大而费力最小。

让我们复习一遍。把球击打到对方的场地上使得你……

有效益。

正确的击球使得你……

有效率。

有可能你只有效益而没有效率。你击球的方法也许不是最有效率的。你可能把球击过了网，但如果所用的力气比必需的力气大，你会很快就感到累了。

有效率但没效益是怎么回事呢?

认识清楚这种情况要更难一点。学打网球时，你得用某一特定的姿势挥拍击球，重复训练。这种动作做得很完美的时候，你就是有效率的，为了保持这种效率，你会要求对手按这种你能最有效地把球打回去的方式击球。你不想追着球跑，然后被迫用一种没有效率的方式把球打回去。

但在企业中这又意味着什么呢?

在许多官僚型企业中，都会发生这种情形。他们组织得如此之有效率以至于开始说：“要不是因为顾客的需求变化无常，经营这项生意简直就是完美无缺了。”显然，球(或者说是顾客的需求)飞过来的方式不是按照官僚机构的最有效的处理它的方式。

所以，官僚机构在处理它时有困难。

你说对了。要想更有效益，它们可能必须牺牲一些效率。效率很可能会有损于效益。

是不是正因为如此，才使得企业年轻时有效益却不是很有效率，等它变老时，有了效率却又没了效益?

正是如此!企业的生命周期要保持盛年就要既有效益又有效率，这需要作出努力，因为它不会自动来临。

但是一旦效率上升了，利润就会上升，而利润上升后附加价值上升则正是我们在商界梦寐以求的，对不对?

对的，不过请注意附加值是如何计算的，它是超过成本的价值。当你完全通过效率来产生利润时，利润只有通过削减成本的方式提高。随着你不断地缩减成本，什么东西也会随之下降?如果你把成本削减到了不能满足顾客需求的那一点，效益就会下跌，销售也会下降。然而，在顾客的需求得不到满足与顾客发现可以光顾其他的企业之间存在一个时滞。建立其满意度(销售)需要时间，丧失其忠诚也需要时间。销售的减少要比费用的削减慢得多。削减成本与看到销售下滑之间的这一时滞，可以让你的公司看起来能盈利，实际上却正在走向破产。在短时间内你是盈利的，但销售的恶化终不可免。没有客户留下来让你发财了。

我明白了，效益和效率两者我们都需要。我们可以把它加到图里去：

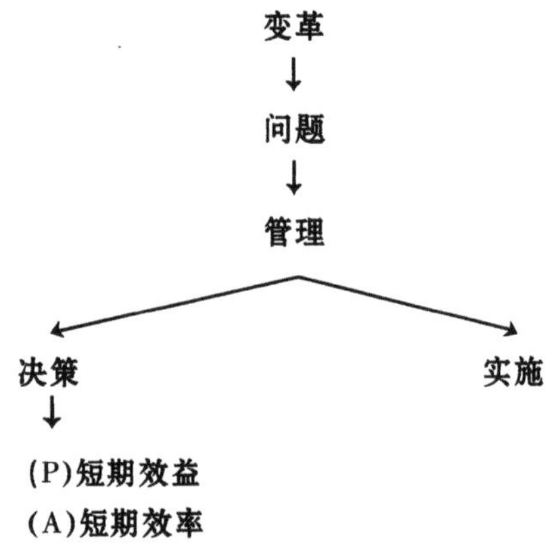

现在，请告诉我，对于长期效益而言我们需要做什么?我已经明白了，为了短期的效益与效率，我需要实施所需的服务P，并且对其加以管理A。对于长期效益呢?

长期效益

长期效益意味着你目前的决策将满足你未来顾客的需求。我们所需的决策，是能够产生长期效益的决策，即能够预测并满足我们认为将会出现的新需求的决策。要做到这一点，需要制定使企业能做出超前反应的决策。

请举一个例子。

咱们回到喝啤酒的聚会上去。坐在那里看着这帮义气相投的哥们儿，那位有创新意识的人发现，这个小团体的人需要用一种单靠喝啤酒已不能满足的方式相互联系起来，所以这位领袖人物建议，他们远足去湖边划船。他提议“明天去划船”。这位领袖人物使得今晚所做的决定有可能会满足明天的需求。

等等。远足到湖边去划船的需求是晚上发生的，这也是他们同意去远足的原因，对不对?那么你为什么说E角色是今天确认明天的需求呢?

如果第二天早晨他们醒来后觉得并不真想去远足划船，会出现什么情况?前一天晚上的决策很可能失去意义。对E的检验不在于你决策的时候，而在于你完成的时候，E角色确认明天的需求，P角色则通过实际满足这些需求来使其有效。

请再举一个例子。

假定你今天决定建一个工厂，生产据你预测来年将会有需求的小器具。第二年到了以后，你的预测证明是正确的，确实存在这一需求，那么今天你建厂的决策将使你明天有效益。

再回到打网球的比喻上去。当你击球的时候，你还必须做什么?你必须考虑对手的下一个球落在什么地方。为了接下一个球，你可能不得不跑到网前、场中或跑到底线去。这一出于未来需要给自己定位的过程被称为超前。

超前措施将使你产生长期效益。如果下一个球飞过来的时候你处于恰当的位置，你将胸有成竹地把它打过去。使得你有长期效益的是你现在所处的位置，做到这一点我们需要E角色。

P角色满足当前客户的需要，E角色是确信将来的各种需要，并使企业定位以便去处理它们。E在P之前。首先你要确认顾客的需要，然后你才会满足这些需要，就像首先你要预测球的落点，然后你才跑过去把球击过网一样。

所以，创新E意味着通过今天所做的一些事情为自己的未来定位。有了这种办法，当明天来临时，我将成竹在胸地去处理它。

是的。不过我谈的不是市场营销或销售商品，我谈的是给自己定位以满足未来的需要。你是否正在为新产品做准备?你是否正在为新的分销渠道做准备?你是否正在用新的技术装备自己以便能够满足你们预测到的需求?当你坐下来喝啤酒的时候，你想到了现在喝啤酒的方式不能满足的未来需要，所以你那天晚上才做出了将会满足这种未来需要的决策。

你不得不适应变化无常的环境。

适应对你意味着什么?是超前还是反应?

反应。

对了。适应变化着的环境的人，是那些等着球落地的人。一旦他们知道球的落点，他们就会适应它，对它做出反应，但到那时候可能已经太迟了。适应是P的做法，对于创新E和定位而言，你必须超前，而不是反应。

为了超前，你需要两样东西。首先你必须想像未来会是什么样子。你必须构想未来顾客的需要、竞争对手、环境以及任何有可能影响企业的事物的情形，你必须要有创造性，想像出将会发生的事情。

您所说的“创造性”是什么意思?

未来是模糊不清的，有创造性的人可以透过迷雾看问题。你不可能拥有所有信息，而且你真正拥有的信息的有效性也在随着时间变化。模糊不清的景象时现时隐。你必须把可获得的信息汇集起来，然后用你的想像来填补那些空白。所谓创造力就是填补信息空白从而创造出整体图像。

但要做到超前，仅仅有创造性是不够的。在你预测了下一个球的落点之后，接下来你必须做什么?

必须使自己在场地上实实在在地运动。

对了，你必须承担风险。你必须跑到球场的某一点，使自己定位于下一个球的位置。由于球有可能不落在你所预测的地方，所以你承担着风险。

$$\text{创新 E} = f\left\{\begin{array}{l}\text{1. 创造力} \\ \text{2. 承担风险}\end{array}\right\}$$

有些人有创造性，但不承担风险，他们不会创新或超前。通常你会在咨询业或商务教育行业见到这样的人。他们很有创造性，他们能够预知未来，但他们不愿承担风险，对自己所预见的东西也起不到作用。另一方面，赌徒是风险承担者，但没有创造性，他们并不设计赌博游戏。管理者中对 E 角色能保持理想的平衡状态的是那种能够想像未来、然后承担风险使组织定位去处理这一未来情况的人。

如果你是超前的，你就会有长期效益，对不对?

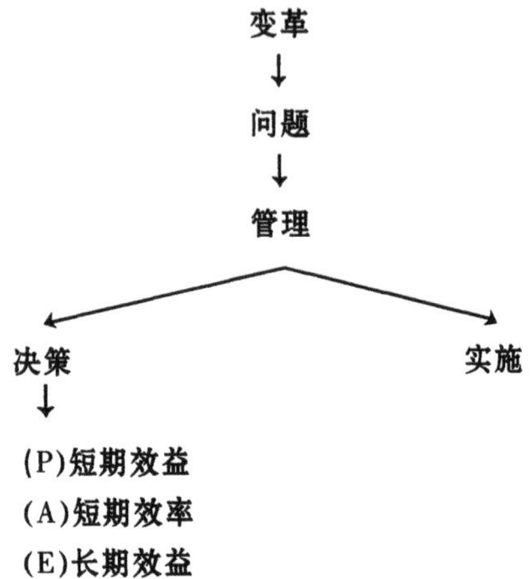

对，因为当所期望的需求出现时，你将胸有成竹地作出反应。

现在我已做好了准备学习第 4 个角色：如何长期保持效率。

这是最难以解释的一个角色。

我已经做好了准备！我猜咱们随后要做些练习，以使我能真正地理解这些角色。

的确如此。

这对我有好处。

长期效率

为了具备长期效率，你必须整合(integrate)，也就是说，把组织意识(组织的个性、价值体系、行为模式、组织哲学)由机械式转化为有机式。例如，当你教人们玩集体体育项目的时候，你就在整合。所有参与者都从情感、社会，有时是经济方面共享胜利。它不是明星制，而是合奏。组队的时候，你就建立了队员彼此之间的支持，所以他们将作为一个队而不是个人受益或受损。

现在，让我们解释一下上面定义中的每一个词。先从“组织”开始。如果我问你：“你的组织中有多少人?”你会从哪里去找答案?

我会去找人事档案或者是组织结构图。

很准确，不过你找错了地方。作为管理者，要想找出谁是你打算整合、激励并管理的人，就不要去看你的组织结构图。

但向我汇报的人难道不是我必须管理的人吗?

我从未遇见过一个管理者声称：“所有执行我的任务的人员都会向我汇报。”从来没有!我知道的管理者所说的恰恰相反。他们常常抱怨自己之所以承担责任有困难，是因为执行任务的关键人物不向他们汇报。美洲银行总裁山姆·阿姆考斯特对这一情形有一个最精辟的回答：“在高速路上驾车并不需要你把它买下来，你只需付点过路费就能上路。”

但是，公司的老总们肯定要求他们所需要的每一个人向他们汇报。

是吗?工会就不会向企业的老总汇报。银行家、股东、顾客或者竞争者也不向他汇报。从下面看老总们好像控制着一切，但他们所能采取的措施常常只是显示权威。到上面去靠近点看一看，你可能会发现他们在权力之巅倍感孤独，常常觉得自己无力承担自己的责任。

没错，我想咱们每一个人都觉得孤独而易受伤害，只不过有些人承认，有些人不承认罢了。

有些人报酬高，所以才不承认。

那么，作为一名管理者或领导者，要想找准我要管理的组织，我应该把目光投向什么地方呢?

首先从组织为之而存在的顾客看起。这就是你的I角色。这意味着你要意识到自己对他人的责任，没有人只为自己而存在。

是吗?我就知道有些人完全以自我为中心，对别的人一点也不关心。

纯粹为自己而活着的那一刻，也就是你癌变的一刻。癌细胞消耗能量并不是出于有机的目的，它们除了自身以外不尽责于任何其他事物。在组织中，有些人就是癌变体，而有些组织对社会而言也是癌变体。上帝创造这个世界目的就是要让这个有机的整体中每一事物都是为了支持别的事物而存在，这样这个整体才能适应其组成部分的需要。这就是今天我们大家都津津乐道的生态平衡。

所以任何组织、社团或社会的开创都意味着要有相互依赖的意识。这就是“我是谁”这一问题的精神内涵，而这一问题总是以“我为谁、为什么而存在”来作答的。

我们可以把笛卡尔的名言“我思，故我在”转化为“我满足需要，故我在”。亚伯拉罕·赫瑟尔曾经说过：“如果我不为己，谁还为我呢?但如果我只为己，那么我又是谁呢?”

没有把组织与更大的体系联结起来的共同命运感，就不存在健康的组织。无论这个组织是国家、企业，还是婚姻、个人，都必须存在相互依赖的意识。

在你确认了组织为谁而存在(顾客)之后，你就应该确认为了满足这些顾客的需求而需与之合作的人。我们再回到试图搬开阻碍道路的巨石的那帮朋友中去。假定为了搬开巨石到湖边去划船，你需要公园看守人的帮助。看守人之所以愿意帮忙，是因为付给他们工资的要求之一就是帮助远足者，但是从组织上讲他们并不向你汇报。也许你需要其他远足者帮你搬石头，而他们帮你是得不到任何报酬的。你需要他们吗?当然需要。为了达到你们的目标，你们整个团体需要他们，所以其他远足者和公园看守人都是你的组织的成员，都需要协调、激励，一句话，需要管理。

在你的组织职责相关的范围之内，你应该看清你要负责搬动的“巨石”。有些你搬动巨石所需的人是直接为你工作的，他们列在你的工资单上，他们是列在你的组织结构图上的雇员。有些搬动巨石所必需的人并不直接为你工作，他们在其他的部门。也许是你的平级，也可能是你的上级，甚至在组织之外。你要管理的人，是所有这些你搬动巨石所需的人，以及所有能从搬开岩石中获得满足的人。

顺便提一句，你所关注的内容可以超越那块巨石，这取决于你的认识。你觉得应负与要负责任的组织可能不仅包括搬开岩石所需要的人，而且还包括所有那些需要去湖边的人。如果你把自己的眼光抬高一点，你会认识到其实石头是无关紧要的，湖也一样，它们都会随着时间而改变，延绵不断的只有人类。人的需求是不断变化的，不管是巨石还是湖。如果你继续往上看，你会认识到你们是有机地联系起来的，既满足人、植物、动物、石头……实际上是你周围的一切事物的需要，它们也满足你的需要。你会觉得有责任去满足一个整体的需要，因为整体满足了你的需要。

具体说来我该怎么做到这一点呢?

看一看 PAEI 准则。先问自己：“谁是我的顾客?”我为谁而存在，这是第一组你需要了解的人——你的 I 角色的第一部分。接下来，确认这些顾客的需求，这是你的 E 角色。再接下来的问题应该是：这个组织应该专门做什么?它怎样才能做到?这些就是你的 P 角色和 A 角色。需要做什么是 P 的事，需要怎样做是 A 的事。它们将引导你分析该由谁来做这件事，这是你的 I 角色的第二部分内容。我需要同谁一道来满足顾客的需求?我还需不需要森林看守人、其他远足者或别的什么人?这就是需要你管理的组织。

接下来再问：“搬开岩石或到湖边去所需要的人想从这个组织获得什么?”如果他们采取合作的态度，内心是怎么想的?对有些人，企业付给他们报酬。对另一些人，不用付给他们报酬，但必须得有人带他们出去吃顿饭，抚慰一下他们的自负感。还有一些人则要付给他们佣金。你怎么付酬给他无关紧要，只要合理合法就行。你的任务就是搞清楚企业该如何回报他们，以便他们共同协作满足你的顾客的需求。

你满足顾客需求所需要的人被称之为“休戚相关者(stakeholder)，不管你是付给他们薪水，还是用其他一些方式回报他们，同顾客一样，他们也有自身的利益。例如，员工是拿薪金的休戚相关者，而股东则是不拿薪金的休戚相关者。两个团体存在着某种利害关系：其满足程度都基于企业如何经营。管理人员怎么样呢?他们也有需求。

这正是他们置身于企业的原因，所以他们也是休戚相关者。企业所处的社区呢?它有没有什么利害关系呢?当然有了。你必须让所有的休戚相关者都意识到，如果他们合作，他们自己的需求也将得到满足。你必须创造出一种“大家都赢”的气氛，在这种气氛中，钱与工资不是惟一的交换手段。你必须让顾客的需求与休戚相关者的需求在时间上同步。当休戚相关者觉得满足顾客的需求时他们的需求也得到了满足，也就是说，他们相互需要以满足彼此的需求，这样企业就得到了整合。当每个人都被整合时，就没有任何人是必不可少的，这样从长期看企业必将有效率。

管理者必须让大家合作，这我已经明白了，但怎么才能做到这一点呢?

在后面我会更为详细地概括这个问题。最起码你应该关注自我利益与共同利益。当自我利益与共同利益相一致时,你在整合方面就取得了成功。

机械意识与有机意识

“机械”与“有机”这两个词是怎么回事?在定义整合时您用了这两个词,它们是什么意思?

想像一下,把四条腿的椅子立在屋子中间。为什么称之为椅子?我们为什么不叫它“牛”?

要是你能从它身上挤出奶来,你就可以称之为牛。

对了!出于我们讨论的目的,我们可以说一件东西是什么要看它能干什么。如果它起不了这种作用,没有这种机能,那么它就不是这件东西。只要你告诉我它的机能,我就能告诉你这件东西的名称。

如果你有一架钢琴,但却没去弹它,那它就不是钢琴,它只是一件家具。如果你有把椅子却不能坐在上面,它也不是椅子,它有可能是一件孟菲斯的艺术品。如果拿把锤子给你看,然后问你:“这是什么?”你很明白的话,你会这样说:“我不知道它是什么,除非你告诉我要用它来做什么。要是你拿它钉钉子,那么它就是铁锤,要是你用它来伤人,它就是武器。如果你从世界各地收集不同类型的铁锤把它们挂在车库里,那它就是装饰品。”

除非我们知道一件东西的机能以及它所能满足的需求,否则我们就不知道它是什么东西。如果你从未做过一件满足自己孩子需要的事,你就不能自称是父亲。你可能是生身的父亲,但因为你未能实现孩子的社会、经济以及感情需求，所以你不是把孩子扶养成人的父亲。你是什么取决于你的行为，你的行为通过你所满足的需求而具有机能上的意义。

让我们再回到椅子的话题上去。它是椅子，是因为我们能坐在上面，它完成了供人一坐的机能。如果一条腿断了，会发生什么情况?

椅子失去了机能，我们所有的是一把破椅子，再不能坐在上面了。

问题是，为什么剩下的椅腿中的一条不移到椅子中间去，形成一把三脚凳，使椅子继续发挥其机能呢?答案是显而易见的，椅子是机械的，它就像机器一样。要想使椅子实现其作用，必须要有来自外界的人修理它。这把椅子要靠外界的干涉才能发挥机能，在椅子的各部分之间不存在内在的依赖性。价值千百万美元的航天飞机在飞行中发生爆炸，牺牲了7个人的生命，原因是一个“○”型垫圈没有发挥机能。没有其他部分能够代替这个“○”形垫圈，这就是所谓的机械意识。

我们再来看一看有机意识。瞧瞧自己的手，它是手，原因是你能抓东西，它能作为手发挥机能。如果你的一根手指断了，或者是丧失了，会出现什么情况?你是否仍然拥有这只手?

当然，它没那么管用了，但我仍然有一只手。

为什么?

因为其余4根手指会相互补充，手仍将继续发挥其作用。

完全正确。使手成为手的并不仅仅是5根指头这一物质特性，而是5根手指的每一根都会像手一样“思维”。如果椅子上的每一条腿都这样想："我是一条腿，而且是椅子的一部分。"那么每一条腿都会支持其机能。椅子就有有机意识，而不是机械意识了。

看一看人类。遇到危险时，我们的腿为什么会跑?因为通过有机意识我们身体的所有部分都认识到了它们相互依赖的好处与可靠性，所以一齐努力保护这个整体。在机械意识中，每一部分只有自我意识，不存在内在的依赖感。在一个只有机械意识的企业中，生产部门的人只为生产操心，销售部门的人也只为销售操心。谁来操心这个整体是否发挥了机能呢?只有外来者必须为这个整体操心，必须进行干预，因为没有一个牵涉其中的个人会为之操心。这种干预常常由管理者承担。在这样的企业中，员工视管理人员为外来者并会与之作对。

最极端的情况是管理者也只为自己的利益操心，而不关心自己所管理的这个整体。在这种情况下，外部干预是由咨询人员来提供的、由政府提供的，或者谁也不提供，此时企业没有整合，而且有可能面临破产。

这些讨论让我想起了一个故事：有三个人在砌砖。问第一个人："你在干什么?"他可能回答："我在砌砖。"第二个人的回答可能是："我在砌一堵墙。"而第三个人的回答可能是："我们正在建一座圣殿，我们大家将在那里共同敬拜上帝。"

只有第三个人理解了整个事业的目的，认识到了从每个人所发挥的机能中将分享的好处。通过祈祷——不论你采用什么形式去祈祷，一个人就会与上帝整合。而要完全认识这种整合，这种整合就必须存在于一个人内心，存在于人与人之间，而且要从一个人最紧密的圈子外化到他所属的一个更大的体系。当我们意识到万事万物都属于一个庞大的相互联系的系统时，我们就认识到了上帝。当我们意识到这一点时，我们就会认识到我们是一个统一体，尽管我们的形式、外表、本质都不相同。对于发挥整体机能而言，差异是必不可少的。通过差异，我们才能在一个整体中彼此服务，目的是为了让整体服务于我们。这个整体也是有意识的，是一种完全纯粹而永恒的意识。这就是上帝对我而言的意义。

在椅子的例子中，如果每条腿都明白并支持作为一个供人坐的系统的一部分的好处,那么,椅子也会有有机意识。它不再是把破椅子,因为每一部分都会补充系统的脆弱之处，并尽自己的努力使系统发挥机能。这把椅子就不再受制于自己的某一个部分,它就会像手一样。

我想我已经明白了。要想长期有效率，企业应该像手一样行动，没有哪一个指头是必不可少的。在一个企业中，团队工作也应当如此：每个人都支持其他人，所以没有哪一个人是必不可少的。

没错。问问自己：我的管理职责是什么?我的巨石是什么?谁是顾客，他们的需求是什么?接下来再问：谁是我搬开巨石所需的休戚相关者?我如何才能培养休戚相关者与顾客之间所必需的相互依赖性?我如何才能让大家认识到我们彼此需要?例如，我们有没有共同的使命?我们有没有一个培养协作精神的奖励制度?如果大家有共同的眼光，而且有一个在工作中培养追求使命与成就的奖励制度，那就如同没有谁是必不可少的一样。大家将会彼此支持，而不会等待外来者处理他们的问题。如果回答是企业不存在能够培养相互依赖性的文化与制度，你就应该创造这种环境，整合顾客与休戚相关者。当顾客从已被满足的休戚相关者那里获得满足时，你就拥有了一个没有谁是必不可少的系统。

让我们看一看对这些角色所做的总结。

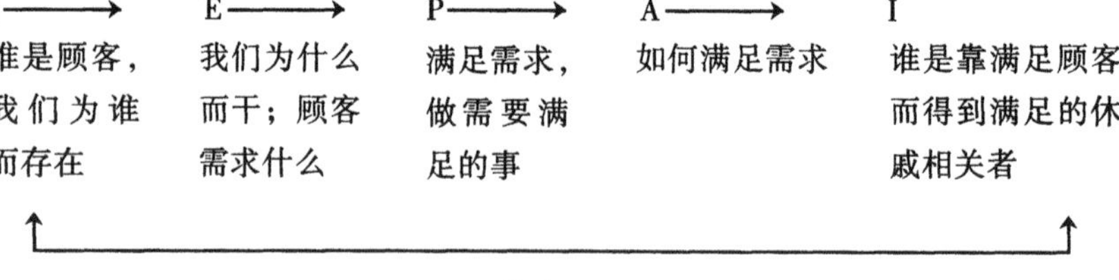

整合(1)

当没有哪一个人是必不可少的时，企业便具备了长期效率。

现在还有什么内容呢?

企业自己不会变得在短期和长期都有效益和效率。需要有人做出PAEI决策，这种决策会使得PAEI的企业产生PAEI的结果。这些结果会产生短期与长期的附加价值，而某些组织是用利润来衡量这种附加值的。保证制定PAEI决策是谁应担当的角色?这正是领导者、管理者、父母或政府应该担当的角色。

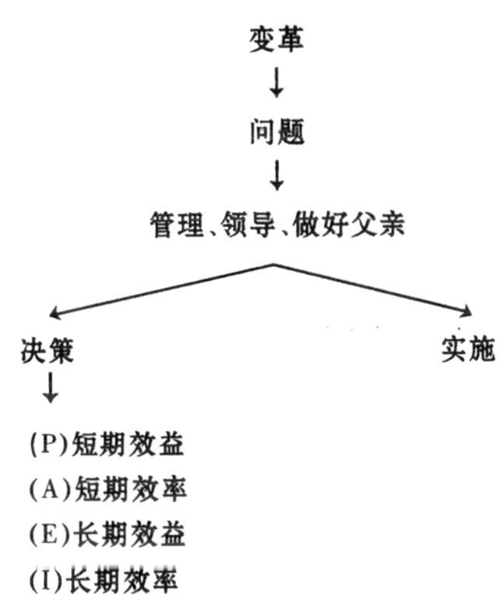

我很想做做练习，这简直把人搞糊涂了!

我们会做很多练习。咱们先休息一会儿，明天再谈话的时候，我们开始分析当少了其中任何一个角色——实施所需的服务P、行政管理A、创新E或者是整合I——的时候，会出现什么情况。我们将学习如何诊断领导者、管理者或公司。如果看到某些东西没发挥作用，我们就能够确认少了什么。要是搞清楚了它为什么会发生，我们就知道该对它采取什么措施!

小 结

让我做个小结,看我是否把这些内容搞明白了。至少可以说,这太复杂了,我希望后面能变得更明白易懂一点。

别担心,多讨论几次、多举些例子就明白多了,相信我。现在暂且如此吧!

好的。要管理变革,就必须制定并实施决策。什么才是好的决策?

好的决策使企业在短期和长期都有效益和效率。它们使得企业在意识上机能化、系统化、超前化和有机化。

投入	过程	产出
决策角色	**使得企业**	**企业变得**
提供所需服务 P	机能化	短期有效益
行政管理 A	系统化	短期有效率
创新 E	超前化	长期有效益
整合 I	有机化	长期有效率

短期与长期的附加价值 = 利润(以此为例)

要想有短期效益,企业必须为顾客提供服务 P。P 角色可以用反复的销售来衡量。

短期效率意味着用包括管理时间在内的最少的资源取得某种成果,因此,企业需要行政化 A、系统化、组织化。为了做到这一点,企业需要纪律约束。

要想有长期效益,企业必须有创新精神,必须超前。它必须想像出未来顾客的需求，并给自己定位以便能够满足那些需求。为了做到这一点，它必须有创新E且愿意承担风险。

要想有长期效率，企业还需要通过在所有休戚相关者当中创造出相互协作的气氛并加以整合I，以满足顾客的需求。如果所有休戚相关者都合作，没有谁是必不可少的，企业就能长期保持效率。因此企业必须确认所有休戚相关者和顾客的需求，对其保持敏感，并设计出一种能相互满足那些需求的制度、气氛。

总结得很好!

谢谢您!尽管很难消化，不过也很有意思。您概括了很多内容，我得好好思考一下。

好的。不过从现在开始，我们不必涉及那么多理论了。相反，我们要把注意力放在应用上。

这太好了。咱们明天再进行吧。

谈话 4

角色不相称

对于我们上一次的谈话，我想了很多，让我再总结一下。

你说吧。

为了管理变革带来的问题，我们需要制定好的决策并有效地加以实施。管理的好坏取决于我们所做决策的质量机能，以及为了实施这些决策所耗能量的大小。

要制定高质量的决策，我们必须全神贯注于需要实施的服务，以便满足企业为之而存在的理由，这是P角色，但P角色只能使企业产生短期效益，因为所需的服务是随时间而变化的。我们还必须实施A角色，即进行行政管理，以确保在恰当的时间完成恰当的事情。这一过程使得企业具备了短期效率。E角色，即创新，使得企业把自身定位于满足未来顾客需求的位置，从而具备了超前性。这一角色使企业产生了长期效益。最后一个角色是对整合I的需要。这一角色把企业文化由机械式转化为了有机式，前者使得所有休戚相关者，包括顾客，感到隔绝，而后者则因相互的利益与价值而使人们共享着相互依赖感。

所有 PAEI 四大角色我们都需要，它们就像四种“维他命”一样。任何时候只要这些维他命少了一样，就会出现某种可以预见的企业病。企业有可能在短期或长期丧失效益或效率，这取决于所缺乏的决策制定角色，而这正是我们今天所要讨论的，对吗？

对的。

我记不清楚我们是否讨论过我想问的这样两个问题了，它们涉及到如何预测一个企业正在制定的决策的质量。

咱们马上就要讨论这些问题，不过目前尚未涉及。首先，我们必须看一看当这些角色中少了其中一个时企业会得“管理病”吗？

等你确实已经完全理解了这四个角色之后，我们就开始这项工作。在我们开始诊断一个系统之前，不论是人、是企业，还是社会，你都必须对 P、A、E 及 I 这四大角色有个非常充分的了解。先试着回答这样几个问题。

好的。

我有两个儿子，托普扎和肖汉姆，年龄相差 15 个月。在他们还很小的时候，有一次他们在自己房间里玩，而我正在读报纸。过了一会儿，那边吵了起来，我听到他们大喊：“爸爸！”原来他们为 把木琴争了起来。在我家里，所有玩具都是大家一起玩，而这一天恰恰他们两人都想玩木琴。

第一个问题是，如果他们叫爸爸来解决他们自己的问题，那么他们之间相互依赖的关系是机械式的还是有机式的？

机械式的。他们没有解决自己的问题，他们希望外部的人介入。

对！那么P型的解决方式会是什么样的呢？

把木琴拿开。

停！你应该如何去找P型的解决方法？

在你确认了顾客及其需求之后，你应该分析如何满足这些需求，然后再去解决。这就是P角色——实施所需的服务或者是产生所要的结果，它将使得决策产生效益。

完全正确!不过，要是你把木琴拿开了，谁是你所满足需求的顾客?

我想，是我自己。我想安静一会儿。

对了，这是一个典型的错误。在很多情况下，管理者解决问题时满足的是他们自己的需求，而不是顾客的需求，那么再试一次，P型的解决方法是什么?

给他们再添一把木琴。

这也许是一个正确的解决办法，不过还要取决于你假定的孩子们的需求是什么。如果他们的需求真是玩木琴，那么再买一把的办法就是一项好的决策。但是，你认为两个小淘气为木琴而打架真的是因为他们想演奏肖邦的曲子吗?

他们打架很可能是因为他们想弄出点声音来。

那么解决的办法就是从厨房里拿点瓶瓶罐罐出来让他们敲，整点声响出来就行。

他们打架也可能是出于兄弟间的对抗。

那么，他们也会为瓶瓶罐罐打架的，因为他们需要争到有一方屈服为止。解决兄弟间的冲突的办法可能是让他们打出个眉目来，而且，只要不失控，就别去管它。如果争斗是因为你在读报纸而他们需要你的注意，那他们就要打到你注意他们为止。

请听一听我是怎么陈述的。P 型解决办法确认起来并不容易，因为它是由 I 和 E 推导出来的。最要紧的，是你必须确认谁是顾客，即 I 角色。然后你还必须假设他们真正的需求是什么，即 E 角色。再接下来通过试验和错误，你对不同的解决办法进行尝试，直到顾客满意为止。这就是 P 角色。

以销售狗食为例。在狗吃它之前，你是不知道它的好坏的。狗不会说话，它用自己的行为来投票，人类亦是如此。不要光听他们说什么，重要的是看他们做什么。他们在买东西吗?如果他们买了你的东西，那就是你所提供的东西有价值的最好证明。千万不要先假定需求应该是什么，然后在看到顾客没有这些需求时垂头丧气。别用恩赐的态度去对待你的顾客。先从假定需求是什么开始，然后试着去满足这些需求，直到你成功为止。

所以，在孩子们安静下来去做某种事情以便能够满足通过争夺木琴所表达出来的需求之前，我们并没有找到木琴问题的 P 型解决办法。

对了!我的孩子们并不是为木琴而争斗，他们争斗是为了满足木琴所代表的某种需求。这种需求有可能是弄出来点声响，表达兄弟之争，引起父母的注意，或者可能是通过演奏音乐来实现一种美的需求。

人们并不购买产品，他们购买的是对需求的满足，而制定P型决策就意味着做出能够满足顾客即时需求的决策。

A怎么样呢?

A角色使企业产生效率。请告诉我，在我的孩子可能存在的问题中，A型解决办法是什么?

立一些规矩。

没错，但怎么立呢?

我们知道，A角色会使企业产生效率。这意味着使我们的决策制度化，以便我们不必再去重新发明车轮。按照A型解决原则，我们对于同样的问题应该采取同样的解决办法。这就使得我们具有了效率，所以，A型解决办法可以这样表述，先让一个人玩10分钟木琴，再让另一个玩10分钟，并且我们用丢硬币的办法来决定谁先玩木琴。在所有相同的情形下我们都采用我们所能用的家规。

但接下来会发生什么情况呢?当你采取这种解决方法时，无论是每个孩子只玩10分钟，还是大声宣布什么家规，这时候谁是顾客?

整个家庭，而不是孩子个人或家庭中的其他任何成员。我明白了，家庭是顾客，而这种解决办法忽略了孩子们的特殊需求。

这也是发生在许多企业的情况。当一个企业还年轻的时候，它所寻找的是P型解决办法，忽略了A。它满足了顾客的需求，而且正因为这一点，它的销售量才变得越来越大。企业会越来越乱，直到碰上一次危机为止。于是管理人员会说："这儿得有点秩序才成。"企业自身作为一位有需求的顾客出现了，所以企业聘请了一位专业行政管理人员 A 以便组织好这个地方。这个人建立了各种预算、信息系统、组织结构图以及激励规则。过去的老人们也许会很失望，因为专业管理人员既不去销售，也不去为消费者提供服务。相反，行政管理人员把休戚相关者视为顾客，注意力都放在了他们身上。换句话说，企业首先形成的是满足其顾客需求的能力，其后它的注意力会转到满足休戚相关者上面，接下来它会把两者整合进一个发挥作用的整体当中。到了这一步，企业便进入了其生命周期的盛年期。要想更多地了解这方面的情况，请看我所著的《企业生命周期》[①]。

如果注意力由消费者到内部的休戚相关者的转移过于猛烈，就会因此而产生对抗，因为专业管理者所关注的内容与企业中其他人所习惯注意的内容可能会有所不同。资深员工会抵制，而专业管理人员则会因为做了当初聘请他时要求他做的工作而遭解雇。"他成天就知道坐在办公室里敲计算机"，他们抱怨不已，"他从来不销售任何东西！"注意，为了尝试 A 型解决办法，你的顾客已经变了。这一点告诉你，角色是相互依赖的。咱们在后面将进一步讨论这个问题。

那第三个角色呢？创新型的答案是什么？

你不想再试一试吗？

让我想一想。为了创新 E，我必须通过为了下一步的需求而给自己定位的办法保持超前性。那么，我必须做什么呢？我必须找到一种比孩子们正在为之争斗的需求更强烈的需求。我会说："咱们去看电影吧。"我敢保证，他们会立刻停止争吵，马上做好出门的准备。

① 见中国社科出版社《企业生命周期》，1997 年版——译者注。

企业通常都是这么干的。当他们看到销售下降，顾客的需求得不到满足而且他们不能扭转局面时，有一种解决方法，就是确认并满足一种更新、更强的顾客需求。

那么，I 型解决办法是什么呢?

你为什么不再试一试呢?你理解得很不错。

我猜是告诉他们要一起玩。

在你告诉他们这种解决办法的那一刻，你进行了干预，你正从外界进行介入。这是机械式的还是有机式的?

机械式的。

告诉他们一起玩可能是一种 A 型解决办法而不是 I 型解决办法，原因就在这里。

您的见解是什么?

I 型解决办法是最难设计的。你不应该介入，命令孩子们一起玩，因为你有可能强化他们的机械意识。他们会继续依赖你去解决他们自己的问题。按照 I 角色的要求，管理、领导或为人父母的任务正如格登公司的首席执行官拉夫·阿巴伦所言，是“创造一种环境，使得最向往的事情最有可能发生”。

您是如何做到这一点的?请给我举一个例子。

在木琴的例子中，我是这样做的。我说：“你们俩怎么敢打架呢?兄弟是不应该打架的。我不会永远待在这里解决你们两个之间的问题。我死了后谁会代替我呢?律师还是法官?对打架的惩罚是你们必须把木琴交给我。你们谁也别玩了。现在回到你们的房间去，在没有解决问题之前别出来。”

您忽视了他们。您让他们自己去完成这件事。

我没有忽视。忽视他们意味着没有意识到我的顾客，作为父母，就是没有意识到孩子。我没有忽视他们，我创造了一种环境，在这种环境中他们不得不自己满足自己的需求，而不是依赖于我。父母不能强迫孩子成为了不起的人物，父母应该创造出一种环境，使孩子们在这种环境中成长为他们最可能成为的人。

我明白了。您创造了一种最向往的事情最有可能发生的环境。但它究竟是不是你最想要的解决办法呢?难道他们不会哭喊着抵制你拒绝解决他们的问题的行为吗?

他们当然会抵制，但那是他们为发展相互之间的关系所必付的代价。你觉得他们从自己的屋子里走出来要多长时间?

大概半分钟。

如果我说：“带上木琴，回自己的房间去解决问题。”这需要花他们多少时间?

那要长多了!

为什么?

因为P角色与I角色是不相称的，我能明白这一点。同时提供需求与整合是非常困难的。我是从自己的亲身经历弄明白这一点的。我参加过各种各样讨论团队工作、相互依赖性、人道主义与诚实的讲座。我总是下决心要实践这些概念，但猜猜结果如何?当我回到工作当中，忍受了大概20分钟的压力与冲突之后，我便断定自己已经有了足够的整合。试图具有整合性同时又以任务为导向是极端困难的。当我的P角色上升时，我的I角色就会下降。

任意一个四大角色的组合都是不相称的，这不仅仅是P和I的问题。生产与创新也是不对称的。“我工作太辛苦，简直没有时间去思考。”这样的话你说过多少次?这句话是什么意思?推开石头(或者说是满足当前需求)已占据了一切，以致于你没时间去考虑未来的机会。P实际上已经使E陷入了困境。

我懂了。我听过一句名言：“工作过于努力的人没时间去赚大钱。”

反之亦然，E也会威胁到P。创新意味着变化，而这会威胁到P角色。生产部门的人常会抱怨研究与发展部门的工程师和设计师，他们会说：“要是你们这些家伙不停止改变这些玩意儿，我们就什么也别干了”。从某种意义上讲，你要采取行动就必须冻结计划。

这种情况在某些高通胀率的国家就发生过。民主制的政府常常因为其经济问题而你方唱罢我登场，所以政府为了努力控制通货膨胀便会改变其财政与货币政策。不过这种做法可能解决不了通胀问题。实际上，它反倒有可能使通货膨胀更为恶化。这是因为当政府随意改变其政策时，人们会对自己的义务采取一种模棱两可的态度。他们会坐着观望，看局面是否会稳定下来。人们对一种行动计划所承担的义务越少，生产、储蓄与供给便会越少。人们甚至会把他们的钱转移到更具稳定性的国家去，通货膨胀的压力会继续上升。这反过来更加助长了资本流失、信心动摇。要控制通货膨胀，稳定是必不可少的。

现在我们看一下另一种组合：P 与 A，它们也是不相称的。记不记得我们前面的谈话中提到过的打网球的比喻？当你想要很有效益的时候，你在保持效率方面会有困难，而有的时候，如果你非常有效率，结果会是你的效益减少了。

A 和 E 也是不相称的，对吗？

当然了。当你出于效率的目的冻结了你的新思想时，你在长期中超前与产生效益的能力将会受到抑制。

我们知道，政策、法规以及制度化的行为会抑制变化，因为 A 会危害 E。反过来，变化过多也会阻碍制度化、规范化和秩序化。

另一种组合是 P 和 I，我们已经谈论过这种不相称了。当我们试图生产与实施的时候，也就是说，当我们满足顾客需求的时候，我们可能不得不要求某些休戚相关者对其需求作出让步。这很可能会伤害整合能力。

A 与 I 不相称呢？我是说，行政管理与整合。

让我们用一个例子来探讨这一问题。哪个国家人均拥有的律师最少？

我想，是日本。

对的。这就是说，他们对层管理的需求较低，那是因为他们的整合度较高。在日本，工商界中浸润着忠诚与相互依赖。公司提供终身雇用制及一种家庭式的环境。他们彼此关心，指导他们的是其文化，而不是法律制度。

那么，哪一个国家人均拥有的律师最多呢?

美国。

是! 多得就像每个人都在起诉别人一样。A 非常高而且在不断增长，我们的法院系统已不堪重负。我们是在依赖外部干预解决相互依赖性问题，我们的 I 非常之低。

您对 I 比较低是怎么看的?

当你被高度整合时，你会觉得自己好像完全融入了某件事物，或者是与某些人融为了一体。这种情况会在什么时候出现呢?当你爱一个人的时候便会如此——我所指的不是性或者感情，我所谈的是父母对孩子的爱。如果孩子受到了伤害，父母再痛苦不过了，他们觉得孩子就像跟自己是一个整体一样。现在想想这个问题：你在什么地方会看到对爱的渴望?

可能是在没被整合的社会中吧。

正确! 举个例子，到加利福尼亚去看一看张贴广告，它们中的大多数是与爱有关的："我爱我的小狗"，"我爱我的马"，我爱、我爱、我爱，这种对爱的急切心情不禁让我怀疑人们在自己的生活中是否有足够的爱。要想寻找渴望爱与归属感的孤独的人，到芝加哥这样的大城市去肯定没错。

整合或非整合不只是发生在人与人之间，我们还应把整合视为人内心的活动。

人的内心?

是的。我用这个词组来描述人内部的整合，因为“自我”不止一个。一共有好几个自我：理智、身体、情感与精神，它们常常处于冲突之中。理智所做的决策会伤害身体或感情。人们在创立一番事业时常常把身体推向了极点。他们工作得过于努力，以致情感也受到了伤害。在现代社会，理智所受的关注最多。去学校攻学位的是自我中的理智成分。如果你估量一下一天中有多大部分分给了理智，你会发现它占据了我们大部分的清醒时间。幸运的是，我们还有睡觉的时候，所以我们的身体、情感，也许还有精神也能得到某种重视，但理智却常常用夜以继日来剥夺它们应有的那一份重视。

即使是身体享受了锻炼、休息与美味佳肴，理智去学校攻取了学位，情感体验到了一种心与心的交流，但精神部分仍有可能被剥夺。当身体、情感与理智都平和的时候，精神便得到了最好的表达。如果你节食一段时间，身体会变得平和。如果你采取中庸之道，理智与情感会安静下来。再接下来，你对自己是谁便会有一个极为深刻的感受，你的精神将会表达自我，你会有一种内心的自我与周围的世界融为一体的感觉。这也许算是一种精神的体验。

对此你可能有所怀疑。I 很难解释，因为理解一个人的精神本质纯粹是从经验出发的。现在，你为什么不去欣赏诗歌、音乐或艺术，而仅仅是去观察本质呢?去体验一些不能对你的理智提及的东西，一些你不想搞明白的东西，去体验一些使你觉得自己是它的一个组成部分的事物，去体验爱，而不要想着去理解它。爱不是理智方面的，也不是身体方面或者情感方面的体验。从其真正的形式上讲，爱是一种精神体验，是通过与某事、某人或者是自身的密切关系来表达的。

这与 PAEI 有什么联系呢?

理智、身体、情感、精神同 PAEI 是一致的。你能不能猜出来理智代表什么角色?

A。

身体呢?

P。

情感?

E。

而精神则是I。由于这四大角色常常冲突，所以某一角色有可能会在我们的行为中居于主导地位。我们可能会把注意力很大程度集中于自己的身体或者是理智或者是情感或者是精神——这要取决于是哪一个方面以其他方面为代价赢得了内部之战。

变化会给我们的内部冲突火上浇油。我们的生活越是忙碌挣扎，四大角色就越不平衡。我们所经历的变动程度越高，理智、身体、情感与精神就越容易分崩离析。四大角色中的一个会占上风，而其余3个则被忽视了，这取决于一个人的偏好——常常是用习惯来表达的。一些人让自己的理智成为主宰，这些人是专家治国论者，像机器人一样没有情感，也没有精神。另有一些人的生活完全沉迷于身体，运动与健康食品就是他们的信仰。

第三种人从一种人本主义的成长经历转向另一种人本主义的成长经历，主要培养的是自己情感方面的内容。绝对精神化的人是一种什么情况呢?

他们云集于信仰崇拜者当中。社会的变动率越高，我们见到的这种人也就越多。

这会把我们引向何方呢?

变动率越高，相互之间以及内在的整合就会越多，而这是以缺乏相互之间的爱和缺乏内在的爱来表达的。

缺乏相互之间的爱，这是指什么?

对他人的侵犯与敌视。

那么，缺乏内在的爱就是对自身的侵犯与敌视了?

对。变动率越高，消沉与自杀的比率就越高。

那我们是不是该停止变革呢?

从来没有人能成功地做到这一点。那些让变革慢下来的人随后只能使它更猛烈地爆发。别想阻止变革，相反，要学会如何处理变革。

如何处理呢?

这正是我们要谈的内容。开始之前请记住，整合的最高形式是爱，而爱他人是从爱自己开始的。这不是说爱你的理智，或者爱你的身体或者情感或者精神，而是爱你的理智、身体、情感和精神。接下来，它意味着关心他人的需求，如同是你自己的需求一样。这就是一帮朋友能够同意一起去远足的原因，这也是这帮人的头儿了解并意识到这帮人愿意不喝酒而愿去远足的原因。通过整合感，这个人能够感觉到这个相互联系的群体正在出现的需求。由于不同的休戚相关者有不同的需求，要想懂得如何整合它们便要求构成企业的各组成部分要适度、平衡、和谐，而且同步。做到这一点，就需要有自律意识。

这已经远离美日比较的主题了。您的自律到哪儿去了呢?

你说对了。让我们回到A角色与I角色的特殊差异以及为什么人们不该用一种角色代替另一种角色的话题上去。咱们刚才谈到哪儿了?

我们说，日本的优势在于I很强，而美国的不利之处则在于A在增加。我们当时正在讨论A与I的不相称问题。

好。你发现什么地方犯罪现象更多?是没有社区精神的大都市，还是大家彼此了解的小地方?

大都市。

如果人们彼此疏远的大城市遭受的犯罪侵害更多，这是由于缺乏P，还是A、E或I?

我想是I。

通常的补救措施是什么?更多的……

A。

对了!是更多的法规，更多的惩制，更多的牢狱生涯。人只有一生可以付出，而他们却判人三生或四生的无期徒刑，这难道不荒唐吗?对于死刑犯，他们或用电刑，或用绞刑，或注入致命的化学药品。但这些措施是否减少了犯罪呢?

没有，绝对没有。

因为犯罪并不是 A 问题，这是 I 出了问题，它不是一个法律问题。不管是个人没有整合还是周围的政治体系没有整合，相互之间以及内在缺乏整合是导致犯罪的原因。

等等！我感兴趣的是企业。但我们现在在心理学、社会学、艺术和信仰上花时间太多了。请问，我们能不能回到企业这个主题上去呢？

但是，我们所讨论的正是生命中对企业至关重要的各个方面。想一想那些只学了如何应用自己的理智的商学院学生。他们几乎不注意身体的需求，也不知道控制与充实情感与精神。于是，在他们毕业赚了大钱之后，他们感到孤单、被剥夺了生活中必不可少的乐趣。为了努力弥补他们的精神，他们可能会去收集艺术品，也许他们还会去医院治疗自己不平衡的情感。

过一种平衡的生活，并且是一种从开始到整个过程都是平衡的，而不是不停地挤占 I 去付给 P 的生活，这难道不好吗？人们在年轻的时候总是透支健康去赚钱，等他们老了以后，又想花钱重新赢得身体、情感与精神的健康。社会也是一样。为了达到经济增长的目的，他们破坏了环境，而且常常还会破坏他们的精神与文化遗产。

我同意，不过您谈论的问题超过了平衡的范围。我们要讨论的是管理失当以及少了 P、A、E 或 I 后会发生什么情况。可是除了这一点没谈，别的咱们什么都讨论过了。

你说的对。我集中谈一谈 A 与 I 不相称的问题。一个系统中整合 I 越多，所需的行政管理 A 就越少。在我们的家庭与个人生活当中，属于 A 类型的法律干涉越多，所需的整合 I 与自我约束就越少。家庭缺之整合要求政府有关部门进行干预，但这种 A 型的干预也会造成家庭缺乏整合！

您是不是说，如果日本人在其文化中引入更多的行政管理 A 的话，他们就会丧失自己的优势？行政管理 A 方面的提高将会有害于他们在 I 方面的竞争优势？

是的。

出口 A 也许能成为美国人破坏日本人优势的一种方法。教给他们传统的美式管理理论：控制幅度、统一命令、管理限制工人的权利。这方面的内容可能会破坏他们的 I 型优势，对不对？

美国不见得非出口 A 不可，在日本它也能土生土长。随着变革的加速，缺乏整合的现象就有可能发生，他们也许会想法用行政 A 去控制变革。在这样的发展过程中他们并不是一点事也没有，因为对于自己在 I 方面的优势，他们还没有积累并制度化到那种能够培养并再生的程度。他们只是在它延续的时候享用它罢了。

为什么他们要用 A 而不是 I 来控制非整合的情况呢？

因为以行政的办法去处理一个问题要比整合一种关系容易多了。用 A 的办法，只要制定一套规章制度你的任务就完成了，而 I 的表达则涉及到企业文化与价值观的教育培养。

的确如此。惩罚孩子要比教给他们合作精神容易，我能够理解这一点。企业中其他一些 PAEI 不相称的例子是什么样的呢？

你先给我总结一下市场营销功能的 PAEI 准则。

好的，首先应该有 E。市场营销必须分析未来，分析顾客及其需求将怎样变化。

不过在你确认顾客的需求之前，你必须确认顾客并意识到他们的需求。这就是I。

祝贺你，你开始掌握PAEI准则了，而且你正切中了某些要害。没有需求意识，没有相互依赖、成为一体的精神方面的感受，没有像关心我们自己的需求一样去关心顾客的需求，我们所满足的就是虚假的需求。我们可以用虚假的需求去满足顾客，在这一过程中我们也可能会赚到钱，但也会破坏整个体系。最终结果是搬起石头砸了自己的脚。

药品推销商是这一现象的一种极端表现。有多少人明知其有害的副作用却仍在推销那些药品?他们了解其危害性的证明是他们不会把它卖给他们所爱的自己的孩子。污染空气的工厂主自己不会住在工厂所在地，他们也不会让自己所爱的整个家庭住在那儿。但在药品销售商向我们的孩子拼命推销这些东西的时候，我们又在向他们的孩子拼命推销什么呢?千万记住，不希望别人对我们或我们所爱的人做的事，我们自己也不要对别人做。

要“爱邻如己”，对吗?

是的，所谓“己所不欲，勿施于人”。因此，具有长期效益的真正的市场营销必然是以I为基础的，必须是I和E。

还有什么?

第三，还应有P，因为市场营销必须产生结果，而不仅仅是分析变化。

好的。还有吗?

最后是A，“怎么办”的重要性其实是最靠后的。

现在请讲一讲销售的PAEI准则。

你来试试。

首先是P，E居于第二位。

你为什么把E排在第二位?

我们需要的难道不是具有创造性和超前思维的销售人员吗?

没错，不过那不是我们正在谈论的内容。我们现在讨论的不是销售者、签约商或者是市场开发人员，我们是在讨论销售的功能。就个人层次而言，一名销售人员的个人风格应该是PaeI型的。由于P与I是非常不相称的，所以杰出的销售人才非常难得。

但我们讨论的问题是销售功能或销售部门的PAEI准则。P是最重要的，因为要产生销售量，销售人员就必须表明产品或服务是如何满足了需求。但居于第二位的角色应该是什么呢?销售功能应该是灵活的、敏感的，还是高效的?

高效的。这正是我们制定销售区、销售进度及销售路线、销售规程的原因——我们想的是集中优势赚到大钱。

正确!这也是为什么它应该是PAei的原因，如同生产的功能一样。

仔细想一想，真有点像生产。市场营销设计规划——以什么样的价格销售，如何销售，而销售则是实实在在地跑出去实施规则。对应而言，市场营销就像工程设计过程，而销售则像生产。

PAEI 准则向你表明了市场营销与销售在风格与功能上的不相称。市场营销应该是 PaEi，而销售则应该是 PAei。市场营销应该目光长远，并提出了与未雨绸缪措施有关的要求。销售则应短期导向并兼具效率。市场营销是以变化主导的，而且会扰乱销售所需的短期效率的秩序。所以一个企业中，销售与市场营销部门之间存在冲突是正常的。

您的意思是说出色的市场营销人员未必就会成为出色的销售人员，而且反之亦然，是吗？

是这样。

天哪，那我们肯定搞错了。我们公司总是把最优秀的销售人员提升进市场营销部门。

而且为了避免冲突，许多公司还把市场营销与销售置于同一管理人员的领导之下。在政府部门，同样的错误是造成官僚主义的主要因素。在我的《企业生命周期》一书中，对此进行了深入探讨。当市场营销被置于同时也负责销售的同一副总经理的领导之下时，市场营销在提供变革的领导作用方面便会存在困难。结果它主要是起到一种支持功能，比如为销售准备附带资料之类的事情。当生产与工程联合起来时，工程一般所起的是维护作用。

还有别的例子吗？

PAEI 的激励准则怎么样？

是－－－I吗?

为什么只是－－－I? 这不可能成为激励准则。你不关心我们干什么，或者我们怎么干、为什么干，只要我们同意就行? 那不是激励，那是服从。

是P和I吗?

不是。A和E角色起到了什么作用呢?不忘记任何一个角色是很重要的。缺乏任何东西都会让你心烦意乱，因为所有4种“维他命”都是必不可少的。任何时候只要少了一种角色，某种所期待的结果就不会发生。企业在短期或长期中不是缺乏效益就是缺乏效率。只要你希望出现一个健康的企业，或早或晚你就不得不提到这一缺席的角色。

用加油似的激励名言“我们一定要赢得这场比赛”去激励孩子们的少年联盟的教练所用的是P－－I方法。没有A，就不存在如何赢得这场比赛的系统计划，没有E，则不存在与未来比赛相关的规则。光是喊：“让我们团结起来，努力拼博，赢得比赛。”显然赢一场比赛还可能行，但不会赢得整个赛季。

好了，所有4个角色都是必需的，这点我明白了。pAeI怎么样?

你认为那将是一种什么样的激励?

这是一种激励人的制度，比如一种奖金或激励规划。

对了!那么paEI呢?这是一种什么样的激励呢?

这是一种当人们有一种对未来或者使命的远见时便会激励与团结

他们的激励类型。

在西方国家我们用的最多的是哪种类型的激励?

我认为是 pAeI。

你又说对了。现代社会越来越以 A 为导向，杰奎斯·尹鲁尔(Jacques Ellul)在其著作《技术社会》中对此作了描述。你想一想，什么事情都有一本手册——听、谈、穿、吃，甚至是做爱，都有一本手册告诉你该怎么做，甚至我们的这些谈话都能转化成一本关于如何管理、领导、为人父母、治国安邦的手册，但最为有力的激励并不是 pAeI，而是 paEI。这就是人们赴汤蹈火的内容。这也是日本的生产力为什么如此强大的原因之一。在那里，人们长期受雇，因此他们用一种长远的眼光看问题，他们知道目标达到之后自己将会受益。他们受到了激励，因此肯于奉献。

这一准则很有帮助，就像速记一样。那么今天我真正所学的内容是：尽管所有 4 个角色都是必需的，但它们并不相称。正因为如此，会怎么样呢?

角色有可能丧失，因受排挤和威胁而消灭，或者从来就未发育完全。下次，我们将讨论一种或多种角色未起作用时，会出现哪种类型的管理失当的后果。

很好，但您是不是还没有告诉我如何预测决策质量?

我保证我们会讨论这个问题，讨论这个问题时，你会明白我们绕个圈子是值得的。幸福不是终点，而是整个旅程，学习也一样。

谈话 5

管理不当的类型

您知道，我把咱们的谈话录了下来。我觉得要消化吸收它们得多听几遍才成。

你这样做是对的。要理解系统的整体性你必须从多个角度去看它。在你了解了终点之后，起点也会有多重含义。

好吧，看一看我们谈到哪儿了。管理即决策和实施。要决策，我们就需要注意短期与长期的效益与效率。而要做到这一点，我们需要PAEI 角色发挥作用。问题在于这些角色是不相称的。

如果一种角色未起作用，会出现什么情况呢?

为了有助于理解少了一种角色后会出现的情况，我创造了一些理想状态的极端案例。这些案例不是一种角色少了，三种角色起作用，而是三种角色少了，让一种角色起作用。一旦我们理解了这些极端的案例，我们就可以更好地理解不那么极端的情况。

P－－－：独行侠

先看第一个案例，这一案例中实施是处于绝对优势的角色：它是实干，是完成，是一心一意地完成企业为之而存在的目的。在这种P－－－风格中，A、E、I都不存在，我称之为“独行侠”风格。

独行侠是怎样管理或领导的呢?我强调的是“怎样”二字。我们对P－－－的风格为什么会如此并不感兴趣。我们不是想了解某人孩提时所发生的事情引起其成年生活中某种行为的心理学家，我们感兴趣的是一个人作为管理者实际上是如何行为的，以及我们能对此做些什么。

同时，你还可以想一想独行侠是怎样一步一步升为管理者的。

这很容易。勤奋努力的实干家常常被提升为管理人员。

但要是有几个人要向独行侠汇报工作，会出现什么情况呢?

这倒是个问题。行政、协调、监督可不是P－－－的强项。

新的思想、变革和眼光也不是他的强项。在 P－－－ 的汇报者中，整合I也不见了。这个P最擅长的就是实施，就是产生结果。

我想我了解这种人。

让我们考察一下独行侠的风格。他(或她)工作努力吗?

当然了!非常努力。

独行侠什么时候上班?

第一个。

他(或她)什么离开?

最后一个。

关于这种行为有一个笑话。在存货控制中，术语 LIFO(Last In, First Out)和 FIFO(First In, First Out)代表后进先出和先进先出。独行侠既不是 LIFO 也不是 FIFO，而是 FISH(First In，Still Here)——先进，而且仍然待在这儿。这种 P 型的人所有时间都在工作。晚上 11 点的时候，P－－－带回家的是什么?

装满了工作的公文包。

对了。精疲力竭的独行侠很可能甚至没有时间或精力去打开公文包，但它仍然要放在床头。为什么?

以防万一……

有些独行侠带着他们的公文包周游世界。他们根本没时间打开它，但是他们要以防万一。他们就像永远离不开瓶子的酒鬼一样。这就是为什么有些人称 P－－－为工作狂的原因，因为他们永远也离不开工作。你在研讨班上就能把他们认出来。首先，P－－－ 愿意不愿意参加研讨班或去工厂?

不愿意。只有命令他们去他们才去。

为什么?

因为他们没时间，他们要干的事太多。

在研讨班上，早晨时你从哪里能找到他们?

在办公室的电话机旁。

他们在说些什么呢?

“还有什么问题吗?”

他们好像在说：“我在这里已经待了两个小时了，上帝没让任何问题发生。请给我个问题让我解决吧。”这就像酒鬼在说：“我已经两个小时没喝酒了。行行好，让我喝一口吧。”

我了解这种类型的人。当他们被迫参加一个会议，有工作人员带着一摞文件走进来时，他们总是第一个问：“有什么东西给我吗?”他们喜欢工作。P－－－是用拼命工作的程度来衡量他们自己的。没什么要操心时，他们就会更操心。

这也是当企业成长得太大而不适应 P－－－这种人时，让他(或她)待在身边很危险的原因。这种人就像不制导的导弹。我们假定企业的创业者(也就是大家常说的“老头子”)是P类型的，那他来办公室很可能是因为他不知道如何用其他方式来打发时间。要是没事可做，他就会做一些只可能引起麻烦的事情。他有可能跨越了企业的职权界线而忽视企业组织结构的存在。你甚至可能发现他在装运码头告诉大家该如何装车。更糟的是他有可能给顾客打个电话，做一笔违犯公司政策的生意。为什么?因为他必须干点什么。要是你不给这种人事干，他会干一些你不想让他干的事情。

独行侠工作得非常辛苦。他们抱怨一天太短，要做的事又太多。

如果有人问：“为什么你不把一些工作授权给下属去干呢?”他们会怎么回答?

“他们干不了，他们还不成熟。”

“他们给你干了多长时间了?”

“25 年了。”

“那你为什么不训练他们呢?”

“我没时间训练他们!”

“你为什么没时间?”

“因为我没人可授权。”

他们陷入怪圈而不能授权。这正是我称他们为“独行侠”的原因。

下一个问题：独行侠的办公桌看起来是什么样的呢?整洁吗?

不整洁，桌上堆满了文件。如果一张桌子不够大，后面还会摆个台子，也是堆得满满当当的。

要是这还不够大，文件会堆得满地满墙都是。要是你问P－－－：“你干得怎么样?”他们会怎么回答?

“噢，天哪!要干的事太多了。最近我干得太辛苦了。”

如果你问这个“最近”有多长呢?

“25 年!”

他们的行为有种强迫性。想像一下问一个酒鬼:“我该把这瓶好酒怎么办?”他会怎么回答?

“放到我桌上。”

同样地,当你问独行侠:“老板,这个问题我该怎么办?”他会有什么反应?

“放到我桌上。”

去看一下独行侠的办公桌,你看到的并非工作而是瓶子,那是他(或她)的酒窖。要是你想看一看一个受了惊吓的独行侠是什么样的,只需一夜之间把他(或她)的办公桌清理干净就行了。

真有意思。我遇见过一个经理,他有一个工作得非常努力的下属,但她总抱怨要干的事太多。这位经理决定帮她一下,决定在她的办公室清干净之前,不再给她什么新的任务了。然而,当她的办公室越变越干净时,她却越来越压抑。她感到的不是解脱,而是恐惧,现在我明白是什么原因了。

这个例子举得好。现在看一看为独行侠工作的人,他们上班晚而下班早。这中间他们在干些什么呢?

等。

等什么?

等跑腿的机会。

按企业的说法，独行侠的雇员被称为“跑腿的”。他们为这跑腿，为那跑腿。他们没受过训练，没有准备，也没人指导。指他们一下，他们跳一下，接下来又会问：“接下来干什么呢?”

独行侠召开办公会议吗?

不。

为什么?

因为没时间。

假定告诉独行侠必须召开办公会议，因为优秀的管理人员都应该开会。会议开成什么样子?

很短。独行侠会告诉大家做什么，然后让他们去跑腿。几乎不问什么问题，也没有争议，没有讨论。然后 P－－－ 会骄傲地宣布：“我们开了办公会了!”

接下来 P－－－，也就是独行侠，培训员工吗?

不，独行侠会说：“我没时间培训。”或说：“培训人有什么意思呢?他们所要做的就是努力工作，把任务完成就行了。”

独行侠以一种简单的方法看待这个世界：“问题简单，解决办法也简单。问题是因为你工作不够努力，解决办法是你努力工作，就这么回事儿。”

P－－－把数量与质量搞混了。对独行侠而言，更多即更好。你必须做的一切就是干得更多。“要是我们干得再努力一点，就不会有任何问题。我们的问题就是大家工作得不够努力。”

功能即一切，形式被忽略了。以P－－－的观点看，要是你工作足够努力，成功便是板上钉钉的事。

－A－－：官僚主义者

让我们看一看下一种缺乏症的类型。根据这一准则，它是－A－－。

你认为－A－－风格是什么样的?譬如，A位置上的空格代表什么意思?

－A－－不是成果的生产者，也就是说，不是实施者。他(或她)不注重必须提供的需求，而只注重行政管理、制度化和规范化。独行侠所看到的完全是正在干什么，从来不去想怎么干。－A－－所看到的则完全是事情该怎么干，而从来不去想干什么。

这种人不是E型的，后者会转向新的方向，承担新的风险，从而发起变革。这种人也不是I型的，I型的人总是想把大家团结在一起。我把－A－－这种人称为官僚主义者。

官僚主义者按本本进行管理，只关注如何使企业有效率。

没错。顺便提一句，本本未必要写出来，它也许全在－A－－的脑子里，他(或她)按以前的惯例经营企业。制度已经存在，你要做的就是遵守，任何事情都必须成文。官僚主义者得了一种被称为“手册症”的病，什么事都必须记入手册。

官僚主义者什么时候上班呢?

准时准点。

什么时候下班?

准时准点。

官僚主义者的下属什么时候上班?

他们最好能准时。

什么时候下班呢?

准时。

这中间他们干些什么呢?

这并不重要。重要的是准时到了，又准时离开。

官僚主义者有时就是这样导演着一场控制得很好的灾难。公司快破产了，而且会准时破产。一切都非常有效率，而且照本本行事。

官僚主义者闲暇时干什么呢?

写本本!

正是如此！官僚主义者总是在寻求对犯规事件数的控制。-A--的功能就是制定新的规则、新的标准化的操作程序以及新的政策。在官僚体系中程序与政策方面的本本正是由于这种原因而年复一年地越变越厚。-A--发现的违规的事越多，他们要制定的规章就越多，这又意味着需要更多的规章制度。一段时间之后，本本变厚了，但却未带来更多的控制。

荷曼·沃克的著作《凯恩兵变》中的主角奎克船长是典型的官僚主义者。在二次世界大战的连天烽火中，最让奎克船长操心的是什么？

谁偷了草莓。

一个由官僚主义者管理的公司就要破产了，可他们召集会议却是为了讨论“谁偷了草莓”，或者是谁没把表填对。官僚主义者想把事情做对，但并不关心事情本身对还是不对。他(或她)宁愿错得准确，也不愿意大概正确。

我可以看出，官僚主义者也混淆了形式与功能，不过与独行侠恰恰相反，官僚主义认为只要形式实现了，功能自会到来。一位-A--会觉得所有需要达成结果的事都会引起混乱。

看一看奎克船长。如果不下令改变航线，台风将会使他的船沉没。但他说了些什么？“我不会因为某种恶劣天气就违背命令。”

这让我想起了一则关于官僚主义的故事。在巴西，我上了一架飞越亚马逊河的航班，坐在我旁边座位上的是一位会计。他问我：“您知道这条河有多古老吗？它有100万年零7个月。”这个数字听起来有点怪，所以我问：“您是怎么算出100万年又7个月的？”他说：“噢，7个月前有人告诉我它有100万年了。”官僚主义者会给你提供一个平衡到最后一分钱的预算，不过大方向却是错的。他们可以错得很精确。

你的故事让我想起了另一则故事。两个朋友驾着热气球在云层里迷了方向。他们开始下降，想搞清楚自己到哪儿了。当他们看到地面上有一个人时，就朝着他大喊：“我们在哪儿?”那个人大喊着回答：“在气球里!”他们中的一位对另一位说：“那个家伙肯定是个A。他提供的信息确凿、精确，但一点用也没有。”

我也知道这个笑话，还有更精彩的呢。地面上那个A回家后告诉他的妻子：“我刚刚碰见了两个E。”他妻子问：“你怎么知道他们是E呢?”A回答：“他们高飞在云端之上，却对自己是要飞过来还是要飞过去一点主意也没有。”

官僚主义者召开办公会吗?

当然了——可能每个星期一、三、五，从早晨9点到中午都要开会。

－A－－有没有议程?

绝对有。

是关于什么的呢?

关于细节，关于怎么做，但与做什么、为什么要做没有关系。

而且下属们学乖了。只要他们不兴风作浪，一切照本本行事，保持足够低的姿态，他们就有可能成为总经理。

真可悲，不过的确如此。

让我们进行第三种管理类型，即实践- -E- 的人。我把这种人叫做纵火犯。这种管理者或领导者是怎么一种行为方式呢?

- -E-：纵火犯

- -E-的P为零。他(或她)根本不注意提供即时即需的服务。A也是零，如何办事的细节也不重要。I为零意味着人际关系、建立团队以及企业气氛也不重要。这种人是纯粹的E。纵火犯主要关注的是未来，他给企业的定位是处理变革。纵火犯总在创造，而且愿意承担风险。

人的上下班时间是确认管理或领导类型的一个行为特征。独行侠第一个来最后一个走，官僚主义者准时来准时走，纵火犯什么时候上班?

天知道!

什么时候下班?

天知道!

星期一早晨，或者是经过了多于三个小时的飞行旅行回来之后，纵火犯常常是非常危险的：- -E- 有了梦想新政策、新战略、新重点以及新方向的时间。- -E- 把这些新的想法灌输给自己的下属时会非常兴奋。员工什么时候上班?如果- -E- 早晨7点钟在单位现身而员工未在那里，会出现什么情况?

纵火犯不会乐意的，他(或她)会觉得他们未尽到义务。

他们什么时候下班呢?

纵火犯一离开就行!

是的，他们不得不在--E-之前上班，在他(或她)之后离去。但由于不知道纵火犯什么时候出现，什么时候消失，他们实际上是一年365天、一天24小时都处于待命状态。纵火犯半夜从巴黎给部下打来电话讨论一个突发的奇想并不是什么稀罕事。

我见过几个由一个--E-型风格很明显的人负责的公司。他的下属是那些拿着高薪的副总经理，但他们所干的事情不过是在办公室坐到晚上七八点钟看自己长指甲。他们没什么可做的，但却怕回家，因为纵火犯有可能要开会。他们从来搞不清楚什么时候会出现这种情况，但每个人都必须时刻准备着。没有人知道议程是什么。即便是纵火犯自己有一个议程，他(或她)就是第一个违背议程的人。纵火犯要求员工们要能够回答依据他脑子里所想的任何议程所提出的问题。大家出席会议时把整个办公室都装在脑子里的公文包中带来了。

让我们把这种风格与独行侠的风格做个比较。独行侠又叫工作狂，他们也可以被称为消防队员，因为独行侠在问题出现之后就会作出反应。当火苗窜起来的时候，他们就会扑灭它，然后等着下一次火焰喷发。“独行侠”的另一个术语叫“危机管理者”。实际上，独行侠是依据危机进行管理。

如果P---是独行侠和消防队员，那么--E- 就是纵火犯。如果独行侠是依据危机进行管理，纵火犯的风格则是管理造成危机。如果独行侠得了溃疡，那就是纵火犯造成的。这就是当纵火犯旅行归来时，大家会窃窃私语“他、他、他回来了”的原因。他们知道纵火犯即将召开会议，点几把新火。而纵火犯喜欢看到大家发疯般地跑来跑去，工作得比平时努力，就像企业着了火一样。所以当纵火犯问你干得怎么样时，你应该回答："我正在拼命工作，我都快累趴下了，已经好几个星期没见我们家人了。"纵火犯也许会说："很好，很好。"

在纵火犯管理的公司，谁在会上把话都讲完了?

纵火犯自己!

这里有个笑话很能说明问题。意大利人因其美食和音乐而闻名，但他们在军事上成就平平。第一次世界大战中，一些意大利士兵躲在战壕里准备进攻。战壕外面出现了一个穿着漂亮的蓝制服的军官，他的制服佩有红色绶带、金色肩章和许多小装饰。他抽出指挥刀，朝空中一挥，大喊道："冲啊!"战壕中的士兵朝上看了看，鼓着掌大喊道："遵命!"却没有一个人离开战壕!

由纵火犯管理的企业也会发生同样的事情。旅行回来之后，纵火犯会召开一个办公会议，他的指挥刀又开始在空中挥舞了，他(或她)会宣称，我们有这个机会，我们有那个机会；我们要做这个，我们要做那个。

下属们面面相觑，神经质地鼓掌，同时心想："太、太棒了!我们又来了。"但却不会有人跃出战壕。为什么?

因为下个星期一纵火犯又会改变方向。纵火犯决不会让你停下手头的工作，而是继续布置新的事情让你去做。当人们跃出战壕的时候，他们立刻就意识到自己陷入了循环的怪圈。会出现什么情况?他们学会了待在战壕里，拍着巴掌，等着下一次"绝对是最重点的"高谈阔论。他们祈祷着，希望老板会忘了这回事儿。也许老板并不真是这个意图，但－－E－真正的意图又是什么呢?

下属们耗费了大量的时间试图去理解他们的纵火犯老板所处的位置。他们耗费了大量精力去解释各种各样的方向，但在行动上却止步不前，因为他们不清楚这些决策会不会成为现实。这就破坏了纵火犯的计划，他总是不断涌现新的、更多的奇思妙想，盘算着作出改变。下属们在欢呼："棒极了！对，我们应该干这件事。"然而他们实际上动也不动。什么也没做，或者说，是几乎什么也没做。纵火犯变得不耐烦了，心想，被一群火鸡包围着，要想像鹰一样翱翔简直太难了——燕雀安知鸿鹄之志哉！企业没有前进 - -E- 得出结论，是因为员工们不支持纵火犯的想法。妄想狂和怀疑症的破坏活动启动了。纵火犯没能意识到，大家未能追随是因为他们不明白他想要的是什么，其实纵火犯自己也是经常不知道自己想要什么。他们甚至可能说："你不同意我已经太迟了。"

有时下属们认为一项决策是实际的，所以他们会执行这项决策。接下来纵火犯却很失望，质问道："你们为什么要干这件事呢？我只不过是自言自语了一下嘛。"可当他们不遵从他(或她)的旨意时，纵火犯又会勃然大怒："你们为什么不执行我的决定？这是最最最后的决定！"

人们要了解纵火犯要干些什么确实是有困难，他们搞不清楚自己该不该去完成某项任务。执行最新的想法不容易，甚至要赶上他都不容易，所以他们总觉得自己像是迷路者一样。纵火犯自己也为一种失败感所困扰。他(或她)想着是冲上前去，超过企业目前所取得的成就，但却留下了一大摊没干完的事，过了一段时间后，他们会备感困扰，梦想破灭，大失所望。纵火犯没有意识到，他们自己便是自己最坏的敌人。

企业就像是一组齿轮，大齿轮带动着小齿轮在转。大齿轮转一圈时，小齿轮会转多少圈？

很多圈。

如果“大轮”是纵火犯，它常常突然改变方向，先向前转一整圈，又向后倒半圈，再向前转半圈，接下来又向后倒两圈。小轮会出现什么情况呢?大轮动一点点，它们就不得不动一整圈。他们刚转了一下，转到中间又不得不倒回来，甚至就在有机会服从这项最新的指令之前，它们又不得不往前转了。最后，齿轮崩溃了。崩溃之时纵火犯便觉得这恰好证明了下属们不值得信赖，他们没按着他们该做的去做。

但纵火犯有激励忠诚与热情的本事。他们是梦想家，他们能吸引那些相信他们梦想的人。

只是到后来才破灭了，因为人们不能实现其永远变化的梦想。

等一下，我们不是在描绘极端的画面吗?

这些风格中的每一个都是极端的例子。P－－－是独行侠。当你拥有大 P 小 aei 时，它意味着这个人主要是结果的产生者，但同时也具备一些其他角色方面的能力。他(或她)不擅长这些角色，但也并不是一无所知。一位 pAei 也不是官僚主义者而是行政管理者，paEi 也不是纵火犯而是一位创新者。

一生中在角色上会有多种组合。有着不同的优势与劣势的 PAEI 角色的不同组合产生了组成这里所描述的各种原型的不同风格。

每种风格都有长处也有短处。不能说 E 本身就不好，如果其他角色为零，它才会不好。我们常常必须问一下自己：存不存在一个完善的准则，某个特定的人只具备单一特征的风格，还是风格比较全面?这个问题我们将在后面的章节详细讨论。

好的，让我们继续。

每一极端的风格其下属都很典型。正如我提到的，独行侠的下属被称为“跑腿的”。他们未受过培训，总是准备跑腿。官僚主义者的下属被称为“是是是”伙计。他们一切照章行事，绝不兴风作浪。

纵火犯的下属被称为“捧场的”，就像歌剧院经理在开幕式那天晚上雇来引大家假装鼓掌的人一样。纵火犯的下属是因其鼓掌喝彩而领到工资的。当纵火犯召集会议并提出想法时，你能反对吗?

那可就危险了，因为纵火犯会把它当成是个人恩怨，日后会报复的。纵火犯聘请员工是让他们来拍巴掌的，而不是在自己高谈阔论时请他们来发出讥笑的。不赞同纵火犯时，你要试探着来，因为大写的E同时还代表着大写的自我(Ego)。

你对--E-的主意表示怀疑的时刻，他(或她)将把你的反应解释为不同意。所以最好在你的评论之前加上这样的前缀，“我同意您关于……”，而且要注意你如何用“但是”这个词。纵火犯有可能被这个“但是”惹火。

现在让我们来看一下最后一种管理不当的风格，在这种风格中只有I角色在起作用。当你所具有的是---I时，会出现什么情况?

---I：超级跟屁虫

这一类型的管理者绝对只关心“为谁”的问题，从不考虑内容、方法或原因。他们看到的是人，还有就是人与人之间彼此如何相处。

我给你举个例子。4个人都在往窗外看，但他们看到了4样不同的东西。他们中的一位看到的是小鸟、高山、湖泊及点点船帆。这个人是谁?谁只看大的画面?

是－－E－。

第二个人从同样的窗子看出去，既没有小鸟，也没有云彩，更没有船帆——他只看到窗框是脏的。这个人是谁?

是－A－－，官僚主义者。

没错。这种风格的人执迷于细节，例如，假定你写了一份关于公司应该进入纽约市场的原因及方法的重要报告，但官僚主义者却会因为对一些细枝末节的修正而把它打回来。这时你便会怀疑官僚主义者没领会你的报告的整个要点。你看到的是大的画面，而－－A－则会因为专注于细枝末节而错过了这幅大的图画。

第三个人既没看到大的画面也未看到细节，取而代之的是他忙于搞清楚窗子如何打开，如何清扫，这扇窗子够不够让空气流通?朝向对吗?这个人最感兴趣的是窗子的功能。

这种人是P－－－。

对的。最后一种人甚至对窗子连看都不看，这个人在看其他人正在看的东西。审视别人以及他们之间的相互关系是－－－I主要关心的内容。他纯粹只对“谁跟谁是一伙的”感兴趣。我把这种人称之为“超级跟屁虫”。

为什么叫“超级跟屁虫”呢?

看一看其德性你就知道了。在超级跟屁虫主持的会议上，由谁讲话?

除他以外的任何人。

超级跟屁虫干些什么呢?

留心听哪个人说了什么话，谁没有说什么，以及他们为什么不说他们可能要说的话。他(或她)关注的是人及其相互间的关系。

在企业里，I比任何一个人都了解从政治的角度要做些什么。他们具有灵敏的政治嗅觉，他们不会轻易亮出自己的牌，因为在做出承诺之前他们要搞清楚大家要往哪里走。他们与人交流时总是含含糊糊的，因为他们想先弄清楚别人在想什么。他们可能用这种话来放出一个试探性的气球："我有个想法，但还不太有把握。"他们也许会说："我建议咱们宣布分红，不过我也并不是觉得特有必要。"I不领导，他们是在追随追随者。

这种风格还另有一个雅号。在把我的《如何解决管理不当的危机》一书译为西班牙文时，他们把这种风格称之为"pez enjabonado"。在西班牙语里这是"滑鱼"的意思，这东西太滑了，你根本抓不住它。为了让滑鱼就范你可能会说："你说过这话。"而他(或她)的反应可能是："你没理解我真正想说的内容。"滑鱼总能摆脱。怎么摆脱呢?因为他们在政治上比任何人都敏锐。他们在别人之前就感觉到了企业中的振动与暗流。团体动力学及权力政治学是他们所关注的内容。

滑鱼的下属们叫告密者。他们到处打听发生了什么事，谁说了什么，为什么要这样说，说这话是什么意思。通过这些告密者，－－－I听到并了解了企业的鼓点。

我们可以用这张表对这次关于管理者与管理不当者的谈话做个小结：

Paei＝生产者	P－－－＝独行侠
pAei＝行政管理者	－A－－＝官僚主义者
paEi＝创新者	－－E－＝纵火犯

paeI = 整合者　　　　　　　　　　　- - - I = 超级跟屁虫

这场讨论很有意思。下次谈什么呢?

今天先歇一会儿吧。我们已经了解到，只要少了 PAEI 角色中的任何一个，就会出现管理不当的情况，而且管理不当的最终风格某种程度上是可以预见的。下一次，咱们要讨论一下所有 PAEI 四个角色都少了或者所有 PAEI 四个角色都均衡地发挥了良好作用时会出现什么情况。

这应该很简单。

没那么简单，到时候你就明白其中的原因了。

谈话 6

针对变革采取什么措施

你能把咱们上一次的讨论总结一下吗?

没问题。您说，为了制定好的决策，我们需要执行 PAEI 准则。

好的决策对于解决问题是必不可少的。

问题因变革而产生。

变革是连续的。

如果 PAEI 角色中少了一个或多个，就会出现预料之中的管理不当的风格。我们已经讨论了 4 种极端的风格，它们是 P－－－、－A－－、－－E－、－－－I。那么，如果一个管理者的 P 角色为零，A 角色为零，E 角色为零，I 角色也为零的话，会是一种什么情况?4个空格表示哪种类型的风格?

----：废物

我把不具备这些角色中的任何一个的管理者称为“废物”。废物型的管理不当者对内容、方法、原因及人都不感兴趣，他只关心生存。管理方面的新陈代谢和精力都很低，这是他们的标识。他们总是说“嗯嗯”、“行行”，但从来不干实事。

废物也从来不对变革表现抵触情绪。还记不记得其他的管理不当者是如何抵制变革的?如果让独行侠改变什么东西，他们会说：“我还能干吗?我的桌子都堆满了。”或者是：“我有时间时再说吧。”

官僚主义者为什么要抵制变革?因为他们对成本了如指掌，但对价值却一无所知。他们对变革的反作用考虑得很多，所以认为不能干。“太冒险了。”“花费太大了。”他们总是从实施的角度去看问题，觉得机会都是问题。

当主意不是由自己提出来时，纵火犯也会抵制变革。跟屁虫反对新的主张是因为这些主张从政治角度看也许要冒风险。“大家对此还没有作好准备，现在时机不合适。”“合适的时机”对他们而言不是市场需要的时候，而是内部的政治气候允许的时候。

废物对于变革的态度有所不同。如果你对一个废物型管理人员说：“咱们把丹佛城搬到撒哈拉去吧。”他会说：“没问题。”没有任何抵触。但一年后当你问：“咱们那个把丹佛城搬到撒哈拉的项目进行到哪一步了?”他会说：“我们还在研究这个项目。这是初步的研究报告。我们正在加紧工作呢。”你看见了吗!他连一个石子都没搬到撒哈拉去。废物花这么多时间就是为了保持自己不把一个石子移到任何地方去。

想要摆脱废物是非常困难的，因为他们总是赞同你，而且随便什么任务都接受。他们总是说：“一切正常!不管你说什么都行!没问题!”但他们什么也不干，而且对此觉得心安理得。有人被解雇时，废物可能会说：“我不明白他们为什么要解雇丽莎，她什么也没干嘛。”

区分不同类型的管理不当者的另一个特征是他们带有典型性的抱怨。比如，独行侠会说……

“要干的工作太多了，我都忙不过来了。”

官僚主义者……

“没按应该完成的方式干这件事嘛。这件事组织得不好，没有进行有效控制。”他们强调的是“应该”。

纵火犯呢?

“大家干事情没有重点。他们所干的工作不对。”尽管是他们自己多次不断改变重点以致没人知道最初的重点是什么，但纵火犯仍然会为此而抱怨。

超级跟屁虫呢?

“我们交流得不够。你肯定误会了我的意思，我真正的意思是说……”

与他们相反，废物不抱怨：“事情进行得怎么样了?”“很好。”

再看一看废物症的性格特征：管理新陈代谢度低，对变革无任何抵制，没有任何抱怨。但这些性格特征中没有一样是致命的，使得废物真正成为危险因素的是这种病症会传染。废物会繁殖。

您这是什么意思?

管理不当者每人都具有典型特征的部下，你认为谁会替废物卖命?

更大的废物。

是的。诊治企业时，我最害怕的就是当问到情况怎么样时，每个人都回答：“一切良好。没有问题。”记住，城里最安静的地方是墓地，那里什么也不会发生，没人会有什么问题，因为不存在变化。这就是死亡。活着就意味着变革，而变革则意味着要与问题打交道，成长则意味着去面对更大的问题。

但废物为什么会繁殖呢?

废物在管理能力方面不会有什么长进，因此就不存在升迁或授权。这使得在废物手下工作的人也没有什么长进。当废物从管理角度完蛋时，他手下的人最终也完了。效率与效益都消失了，却没人知道原因，因为没有人抱怨。如果管理人员告诉你一切正常，没有人试图提高或改变什么时，企业里的废物就太多了。

但为什么会出现废物呢?我们对此能采取些什么措施?

回顾以下前四种风格——独行侠、官僚主义者、纵火犯、超级跟屁虫，你就能看出这些风格与废物之间的差别在于他们所拥有的代表PAEI代码的空格数不一样。废物是4个空格，而其他几种是3个。因此前4种风格已经是四分之三的废物了。

P－－－=独行侠

－A－－=官僚主义者

－－E－=纵火犯

- - - I = 超级跟屁虫
- - - - - = 废物

独行侠丧失了其惟一的能力，即产生结果的能力的时候，独行侠也就变成了废物。

这种情况是如何发生的呢?

独行侠工作起来很玩命，声称他们没时间训练下属。不过还有谁是他们没时间训练的?

他们自己。

所以，20 年后会发生什么情况?他们不是有 20 年经验的人，而是一年的经验重复了 20 次的人。他们的工作仍很努力，但他们已经过时了。世界已经变了，而他们还没有适应。

官僚主义者是怎么变成废物的?

他们靠本本进行管理。如果你想从管理上“扼杀”他们，把本本换了就行了：把公司计算机化，装上新的预算系统。如果官僚主义者不能适应，一次大的变化就可以把他们变成废物。

纵火犯呢?

如果把一种火放了多次而又无法控制局面，他们自己会被烧得焦头烂额。他们会很快失去为他们工作的人的信任与尊重。最终企业不再听纵火犯的了，纵火犯仍然有主意，但却没有追随者了。最后纵火犯对自己失去了信心，也就不再尝试了。

超级跟屁虫呢？

他们成为废物是在出现的一场危机要求立刻拿出解决办法而他们又不能用I办法去解决的时候，因为人的整合需要时间，此时又恰好没有时间。常常发生的情况是从下面爆发的一场小小的革命把他们推到了一边。局势要求行动，而不是谈判。他们可能仍想整合，但却没有谁会再听他们什么了。

在上述4种情况下，你看出什么共同点没有了？

让我想一想。独行侠变成废物是在有了变革而他们不适应的时候，官僚主义者变成废物是在实施体系变了而他们无法掌握它的时候，纵火犯变成废物是在他们激发了过多的变革而失控的时候，跟屁虫变成废物是在一场危机要求立刻行动而他们对政治过程失去控制的时候。

共同点是变革！

正是。在高变动率的企业中废物的数量往往会不断增长。

是吗？但这种企业并不是那种变化很慢的典型的官僚机构，我以为只有在那里才会找到废物呢。您是不是说官僚机构是在非管理状态下经历快速变革的？

是的。在一个受管理的环境中，一切都是处于控制之下的。当管理消除而变革很快导入之后，藏在表面下的废物会喷涌而出。

实际上，废物率最高的企业是那种正在经历大量变革的相当年轻的企业，也许还是高技术企业。除非企业把相当多的资金投入再培训上，否则不是人员流动率过高就是废物不断增长。它的变化太快了，以致于有些人跟不上。从管理上讲他们完了。

宏观层次上也可能出现同样的现象。只要把一个变动率很高的社会指给我看，我就可以让你看到这个社会有许多无家可归者。他们的困境并不是由于他们找不到工作，而是因为在这样一个环境中他们不能有成效地工作，于是他们简单地选择了放弃。

为什么在美国这样一个世界上最富有的国家会有那么多无家可归者?因为美国正经历着巨大的变革，对发展中国家而言也是如此。正在快速工业化的国家满街都是乞丐。

但是美国已经工业化了。

美国正在迈入后工业时代，正发生着一场由制造业和服务业向以知识为基础的行业转化的变革。这些领域要求用更多的脑力而不是体力，有些人没能跟得上这种变革。

您是不是建议我们停止变革?

没有人能够阻挡变革，尽管许多个人、政党及宗教运动做过这种尝试。对待变革的办法不是靠让变革慢下来，而是靠学会如何解决好变革得更快的问题。

您有何高见?

我发现变革遵从一种可预见的模式，也就是说，问题也有可预见的模式。变革遵从生命周期，一些问题是生命周期的每一阶段所固有的。这些固有问题有些是正常的，有些是不正常的。管理的职责就是克服企业所处的生命周期阶段的固有问题，使企业作好准备去面对下一阶段将要出现的问题。要想更多地了解企业生命周期，我还是向你推荐我写的《企业生命周期》。通过讨论，我们现在已弄清楚了一点，制定决策是为了解决伴随着变革出现的问题。这些决策必须提供使得企业具有短期和长期效益效率的解决办法。这意味着我们需要

PAEI 决策。要得到 PAEI 决策，就需要 PAEI 角色发挥作用，也就是说，我们需要一种 PAEI 风格。

我们前面所讨论过的风格造成了管理不当，因为它们丧失了一种或几种 PAEI 角色。要想使企业短期与长期都有效益与效率，我们需要制定什么样的好决策?

我们需要一个具有完全的 PAEI 风格的人。

我们需要的人既要以工作为导向，又要有组织性、系统性和全局观。他们既有全球性的眼光，又有创造力，并且愿意承担风险。更进一步，他们还必须对别人的需求很敏感，是一个团队建设者，并使自己成为不可或缺的人物。

但这样的人是不存在的。

对了!这种 PAEI 管理者只存在于书本上。同理，既然不存在完人，也就不存在完美的管理者或领导者，事实上，没有哪一朵花是完美无缺的。一件事物只要有变化的内容，它就永远不会完美。只有与时间无关时完美才会出现。这也是我们说艺术是没有时间性的原因(它会延续到我们吃了第二颗伊甸园之树的果子为止)。我们中间没有谁是完美的。所以你完全可以松一口气。你、我，我们大家都不是完美的。这一发现有什么新意呢?多少年来，人们都在通过涨工资、增加股票份额、给 CEO(企业的最高执行官)们各种各样的特权来探寻这一完美管理者之谜。所有这一切都是为了找到这么一个难以置信、毫无瑕疵的天才。这种乌托邦式的期望使得美国的大多数管理教育误入了歧途，现今的课程规划都在描述管理者应该做什么，但实际上他们是做不到的，打开任何一本管理理论教科书，你会发现重复率最高的词是“应该”。管理应该计划、应该组织、应该沟通、应该惩戒、应该领导。事实上，没有谁能精通每一件事。为什么?管理过程太复杂了，个人不可能单独承担。

因为PAEI角色是不相称的，甚至没有人能在一段时间内同时成为P、A、E、I，更别说永远了。

如果PAEI管理者只在书本上存在，那是不是说每个企业都是管理不当的呢?

不是。

为什么不是呢?

因为尽管没有哪个人能够成为完美的管理者，但我们可以有一群人呀。

对了。但要注意，不是任意一群人都行，必须是……

一群互补的人。

是的。我们所需要的并不是全能的天才，而是一个互补的团队。我强调的是“互补”。很多时候，在我用“团队”一词时，人们会说：“是的，我需要一队像我一样的人。”那不是建立团队，而是克隆。

看一看你的手。一只手有5根不同的指头，它们都能像手一样动作。如果5根指头都是一样的，你所拥有的就不会是手。在管理中，我们需要的是带有统一的差异感的互补团队。如果所有成分都是一样的，企业就极易受到伤害。如果它们不一样，企业仍然易受伤害，因为差异性发挥作用的目标有所交叉。力量来自于统一的差异，具有不同特性能力的不同的手指在共同发挥作用。

这一点对社会来讲也一样。能够很好地处理变革的社会是具有互补文化的社会。我所说的不是互补的能力和知识，而是互补的风格和判断力。

但是差异会不会导致难以沟通和冲突呢?

难以沟通有多种理由，这只是其中之一。当人们的风格不同时，他们更可能难以沟通。

那么，怎么才能使统一的差异产生力量呢?差异导致冲突，而冲突是一种弱点。

恰恰相反，差异产生力量。

您最好再解释一下。

如果差异是统一的，即它们能弥补彼此的缺点，那么，差异就会产生力量。

我明白了。它们必须统一起来，但怎样才能做到这一点呢?

让我们从头开始，共同找出答案。首先，没有哪一个人、哪一个社会或信仰是完美无缺的，因此，我们所需要的是一个互补的团队或互补的社会。

没错。

从定义上讲，互补团队或互补社会意味着风格和文化的差异。

没错。

差异意味着潜在的冲突。

是的。

所以在变革管理中，冲突是必然的且不可避免的。我们就像是叶公好龙的水手：“我愿意越过重洋造访异国的土地，但我不喜欢巨浪。”因此这一“冒险”只能是待在家中，坐在浴盆里，读一读旅行杂志。

当管理人员或政治领导人说“我热爱管理(或领导)，我所不能忍受的是人”时，也会出现同样的现象。他们坐在自己的管理浴盆里，避开了真正的管理或领导的任务：化解冲突。

变革率越高，冲突率也就越高。社会主义理论家卡尔·马克思生活在工业革命时期，那是一个快速变革的时代。他目睹了这个时代所产生的冲突，所以主张用利益的联合体——工人、农民和知识分子，组成一个没有阶级的社会来解决冲突。他的理论阻止了大量冲突，但还阻止了什么?

变革。

是的。有些国家因此而开始在技术、社会、经济甚至艺术方面落在了后面。管理者不得不发动变革，但他这样做的时候，必然会出现什么情况?

冲突。

是的。没有冲突就没有变革，但如果你试图阻止其中一个，另一个也会停下来。

如果你不喜欢管理上的冲突，你就别去做成为管理者或领导者的努力。如果你不喜欢与人打交道或不喜欢处理不同的意见，那就赶快从管理的热锅中跳出来。一般而言，管理就是跟具有不同风格的人打交道。具有不同意见的人必须统一起来，现在我们可以在主图表中加入这一因素：

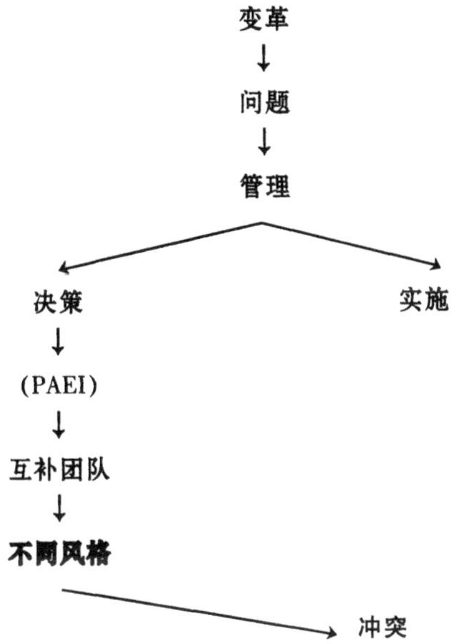

我明白冲突是必须的。但难道它不会是破坏性的而非建设性的吗？并不是所有冲突都是有益的。

让我们先考虑一下在什么情况下它是建设性的。你同不同意，冲突在具有协同性时便是建设性的，通过不同意见形成整体要优于把差异积累起来？

我同意。

冲突什么时候才具有协同性呢?当你从不一致的意见中学习的时候，对不对?

对的。

那么，什么时候你会向一个不同意你意见的人学习呢?

只有在我尊重那个人所必须表达的意见的时候。

每当你困扰于一个复杂的问题——跟你的职业、生意或个人生活有关的问题——你都会去向别人讨主意。然而，你不可能只向一个人学习。

为什么只向跟你一样、什么时候都同意你意见的人咨询?如果你发现有人与你不同，但你不尊重他，你还是不会向他学习。你去寻找建议的时候应该找那种能补充你的意见而且你也尊重的人。冲突只有在具备了成长性时才具有协同性。只有彼此学习出现时，冲突才具有成长性，这种情况只在相互尊重时才会发生。

让我们再复习一下。当你有一个靠你一个人无法解决的问题时，你应该去找一个其决策风格跟你不一样的人商量。但你会不会只是找一个跟你有不同意见的人呢?

当然不是。我只会找那种我尊重其意见的人商量。

是的!那么，你在什么情况下才会尊重不同意见?

当我能从中学到东西的时候。

也就是你向不同意见者学习的时候。如果你找了一个跟你意见不同的人，但你发现自己没有学到任何改变你处境的东西，你会觉得是在浪费时间。你是不会尊重这个人所提供的建议的。

我以前就听过这样的事：“如果两个人什么事情都意见一致时，其中之一便是可有可无的。”另外，禅宗有种说法：“如果开会时每件事情每个人都同意，那么他们中就没有谁认真思考过。”通过差异我们丰富了自身，而且我们是通过差异在学习，只要我们尊重差异就行。不过，处理差异难道不是很痛苦吗?

当然痛苦了。不顾差异共同工作是痛苦的，但这种痛苦能产生收获。一旦你明白了这一点，你不是不顾差异继续找寻与你不同的人，而会因为差异去寻找这样的人。

您所说的是哪种人?

同事。我把同事定义为与你意见相左但你却尊重其意见的人。这种意见不一致称为同志式的意见不一致，这种不一致是基于相互尊重基础之上的。你尊重其不同的观点是因为你从中学到了东西。

“同事”一词源于拉丁语“共同到达”。同事也许会从不同的出发点出发去看问题，但通过协调他们会共同达成同一个观点。对同事而言，从哪里开始并不重要，重要的是到哪里终结。结论并不能使过程生效，因为结论也将随着时间而改变。相反，使结论合法化的是过程。我们如何在一种相互尊重的气氛中达成结论是一笔可以重复利用的资产，而结论或解决方法则会随时间而改变。正如艾森豪威尔总统曾经说过的：“计划没什么作用，制定计划才是无价之宝。”在希伯莱语中，“同事”与“对抗”是同一个词根。因此，从某种意义上讲同事必定是与你不一致的人，同事正是通过相互尊重的不一致而相互学习的。

现在，我要通过审视现代社会中尊重的重要性来拓宽这次讨论的话题。我认为，世界正处于一个大的历史十字路口上。因为变革，社会以及人类所面临的问题越来越复杂了。风格与文化的差异意味着在解决社会问题上的观念差异，它造成了人的内心以及社会团体与国家之间的冲突。

人类或者社会(我们的全球社会)会因为变革而变得更强还是更弱，这取决于我们如何处理彼此之间的差异。如果我们能建立一个同志式的社会，通过民主制大家彼此尊重并借鉴他人的不同之处，我们就会变得更强大。没有民主，就没有相互尊重。民主制下所制定的决策并不比制定决策的方法重要。如果一项决策被证明是错误的，鼓励批评与争论的民主体制是能对其进行修正的。这一体制使变革成为可能，也就是说，要成为一个民主社会就必须进行民主化的变革。变革率越高，在每一层次上体制的民主化也必须更高。

这一点应用于个人是什么情况呢?

个人应该对他们自己所持的不同意见抱一种自我尊重的态度。他们必须认识并接受这样一个事实：没有哪一项个人决策会是永恒的。对自己及他人抱一种开放的态度是制定好决策的基本要点，成为自己的同事是个人成功的要素。

咱们能不能回过头去看一看?我需要复习这一部分。

好的。由于教科书中的管理者并不存在，所以我们需要一个互补的团队，在这个团队中，成员彼此尊重他人的差异，并在尊重的基础上制定决策。

这个团队是不是必须要有 4 个人来代表 PAEI 的每一个角色呢?

不一定，但可以少至两人。例如，一个 PaEi 型的人同一个 pAeI 型的人就组成了一个有效的互补团队。顺便提一句，这一组合常常被称为是“夫妻店”。传统上，在家庭开办的小生意中谁是 PaEi 型的？是谁开了新店，引进新的产品，决定新的价格？

丈夫。

对了。传统上妻子是记账，当会计，当 A，她同时也发挥着 I 的功能。她也许会告诫一个主顾：“明天再来吧。今天他有点不对劲。”称其为夫妻店并非是巧合。然而，丈夫和妻子角色相互重叠的时候太多了，有时他们甚至交换了角色。记住，男人并非天生是实施者 P，女人也并不是天生的行政管理人员 A 和整合者 I。

为什么不能仅仅称为丈夫店或仅称为妻子店呢？

因为没有互补性的妻子就没有成功的丈夫，反之也一样。建立一个小店或建立一个家庭都需要一个互补的团队。给我一个成功的公司，我就能给你指出一个互补的团队。给我一个成功的社会，我就会让你看到不同的文化在一种相互尊重的气氛中和平共处。

我认为，美国之所以成功并非仅因为其富饶的物质资源——不少国家也有丰富的资源，而是因为它得益于相互信任与尊重的社会政治文化，它承认并尊重文化的差异。你是否看过作为美国文化遗迹的街头庆典活动？组成美国人口的每一个民族都有其代表，包括那些曾与美国交过战的国家。法律规定机会均等，来自世界各地的受压迫的人们到美国来寻求成功的机会。法律禁止基于种族、信仰或性别的歧视。一旦歧视在美国增加了，美国的力量也就消失了。

那么，我们该怎样处理这些差异呢？

我们必须使差异合法化，而且要通过相互尊重的制度把它们统一起来。那样我们就会因为差异富裕起来而不是置之不顾。相互间的学习会因此而得到滋养，因为相互尊重鼓励思想上的交叉授粉。

差异在什么时候会是建设性与协同性的？它们什么时候才会产生一个学习的环境？只有在相互尊重的时候。没有它，就不存在学习；不存在学习，冲突就会功能失常。没有相互尊重，意见相左便是没有收获的痛苦。

冲突是必需的，因为需要一个互补的团队来制定 PAEI 决策。任何一个系统要想得到短期和长期的效益效率，PAEI 决策是必不可少的，不论这个系统是企业还是社会，不存在教科书上所描写的管理人，就像不存在完美的政党、完美的信仰或完美的文化一样。按照定义，互补的团队或社会是由思维与行为不尽相同的个体或文化组成的。这会产生冲突，冲突只要发挥功能就是有益的，而冲突只有基于相互尊重才会发挥功能。让我们在图形中加入相互尊重。

因此，好决策是互补的 PAEI 团队与相互尊重的函数。

决策质量 = f $\left\{\begin{array}{l}\text{1. PAEI}\\ \text{2. 相互尊重}\end{array}\right\}$

等一等！我想我搞明白了。在以前我们所做的练习中，我在打开信封之前应该问的两个问题是：谁来解决问题？他们怎样解决问题？

是的，而且要是你没有一个 PAEI 互补的团队……

……或相互尊重，那就别打开信封，否则你的问题不对，解决办法也不会对。

如果团队由 4 个 A 组成，你可以预料到他们将会视问题为缺乏控制系统，他们的解决办法会是设立更多的标准操作程序。

如果是 4 个 I，他们可能会决定任命一个下属的委员会进一步研究这件事情，他们会等着看风从哪边吹过来。

如果他们是 4 个 P，会议将开得非常短，解决方法也会很简单——解雇、销售或诸如此类的措施。

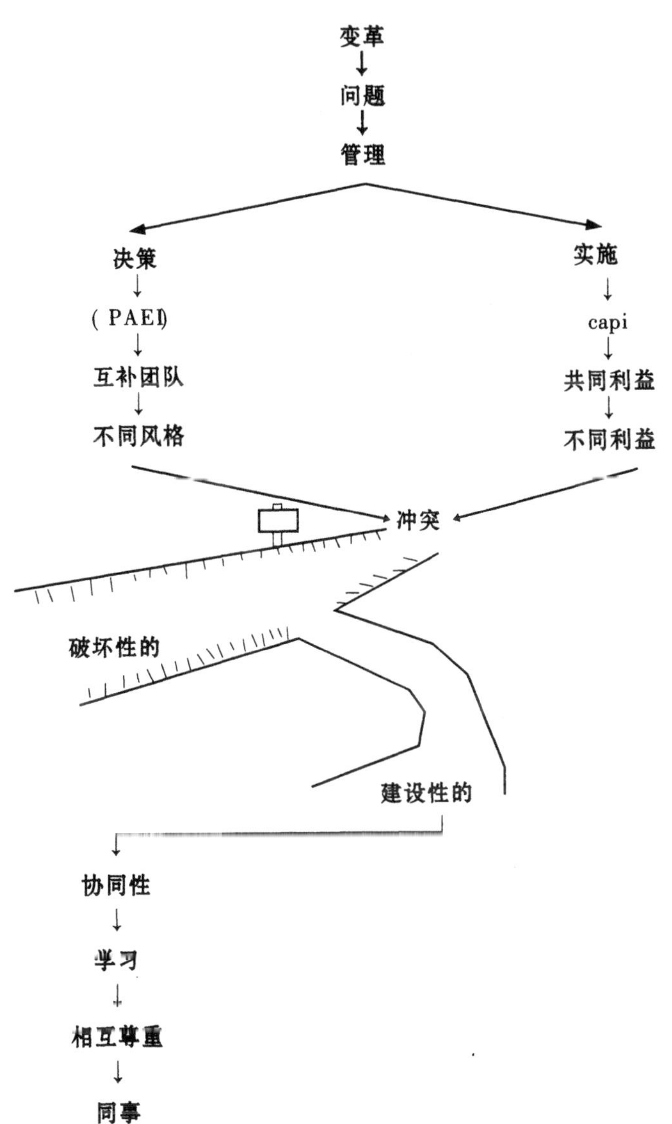

变革
问题
管理
决策
(PAEI)
互补团队
不同风格
实施
capi
共同利益
不同利益
冲突
破坏性的
建设性的
协同性
学习
相互尊重
同事

如果他们是4个E，那么连信封动都不动。

是这样，他们的解决办法可能会再产生12个问题。纵火犯的解决办法会产生副作用。

如果你有一个由两个或更多的人组成的互补团队，在这个团队中所有4个角色都得到了实施，那么下一个问题会是什么？

这个团队该如何共同工作。

对了。如果他们说他们有很多不同意见，但因为最后期限到了而不得不妥协……

别打开信封，因为不存在相互尊重。

如果他们说他们大家意见相左但能够彼此相互学习，以便最后得出一个大家都支持的解决办法……

那么打开信封，你会得到一个很棒的结果，但要做的事还很多。他们是投票呢还是必须意见一致？

我们后面再讨论这个问题。现在重要的是记住，让我们预测决策质量的是制定决策者的风格及他们相互作用的质量。

要得到好的决策，我们需要一个相互尊重工作的互补的PAEI团队。

我想对此我已理解透彻了，谢谢您。让我们进行有关实施效率的讨论吧。

下一次我们再进入这个话题。

谈话 7

责任及职权、权力、影响

我们上几次的谈话对你有没有什么作用?

当然了。现在我看人都是这样看的：这位女士是 P 型人，那个家伙是 A 型人。

等等，等等，这就不对了，你在把人像牲口一样打烙印。

这有什么错呢?您不是通过各种测试在衡量 PAEI 吗?

不，尽管存在着各种确定性格类型的测试，但我没有这样做。任何熟悉卡尔·荣格(Carl Jung)著作的人都能做这项工作。在我创立了 PAEI 模型之后，人们告诉我它与荣格的理论有某些相似之处，我先前对此并不知晓。不管怎么说，由于我的模型与荣格的有相似之处，所以你可以用梅耶斯－布里格斯(Meyers-Briggs)测试去测量 PAEI。

如果存在这样的测试，您要测试的对象究竟是什么？是像您说的那样，给人“打烙印”吗？

我认为人的行为绝大部分受环境限制。如果你给某人分派一项A型的工作，这个人即便内心是E型的，他(或她)也会像A型人一样行为。所以了解一个人内心是什么样子有什么好处呢？我感兴趣的是一个人的行为对他人的影响。

您难道不想在聘用一个人时了解其性格类型吗？

当然想知道。做人事决策的人应该应用各种测试，但人事并非这里所关注的话题。我是想改变人的行为，我的方法并不是重新做出人事安排，而是改变人们工作的环境。

例如，你不能说某人是P型的，而应该说这个人的行为像P型人一样。你不应该只进行测试，你要观察一个人是如何行动的。

给人贴上标签有什么错呢？

如果你这样做了，那你就倾向于换人，而不是改变造成人的行为的环境。在进一步讨论之前，你是不是把咱们以前的谈话小结一下呢？

没问题。我们需要管理，是因为存在需要解决的各种各样的问题。存在问题是因为存在变革。为了解决问题，我们就必须决定该做什么，并且必须实施我们所做的决策。

制定好的决策，意味着要制定使得企业具有短期和长期的效益效率的决策。要做到这一点，就需要发挥所有PAEI角色的作用。PAEI角色中只要有一个没发挥作用，企业就会管理不当，这种不当可能是短期的，可能是长期的，也可能短期长期都不当，这取决于缺少的角色是什么。

所以，必须确保所有PAEI角色都得以实现。问题在于，没有一个人能长时期地一齐实施所有4个PAEI角色，因为这些角色是不相称的。

因此，我们需要一个互补的团队。由于组成这样一个团队需要不同的风格，这必定意味着冲突。当这种冲突具有协同性时，它就是建设性的。要协同，就必须学习。要学习，人与人之间就必须相互尊重。那些能够尊重不同意见而又彼此学习的人被称为同事。

决策质量可以通过看决策是否由互补的PAEI团队制定以及团队成员之间是否存在相互尊重来预测。

总结得好!

您说过，今天我们要讨论实施问题。怎么才能知道一项决策是否会得到实施呢?

为了预测一项决策是否会得以实施，必须对几个特定的因素加以分析。首先，对于解释不清的决策你不能实施。如果这项决策是含含糊糊的，它就不会按你所想的去实施。

您所说的“解释清楚”是什么意思?

你不可能做出差不多解释清楚的决策。它要么是解释清楚的，要么是解释不清的。解释清楚的决策是那种决策制定的四要素都得以实现的决策。

哪些要素?

它们是与PAEI四大角色相对应的要素。实现了这些要素，就会给你一个 PAEI 决策。

一个 PAEI 决策?

是的，P 角色实现第一个要素：干什么。你能猜出 A 角色实现什么要素吗?

怎么干。

E 呢?

为何干。

对了，不过最好把这一要素理解为“何时干”，因为决策的时间最初是由制定决策的理由推导出来的。

I 呢?

谁来做。

没错。“何时干”由其自身推导而来，“为何干”则是由所有上述内容演绎而来的。

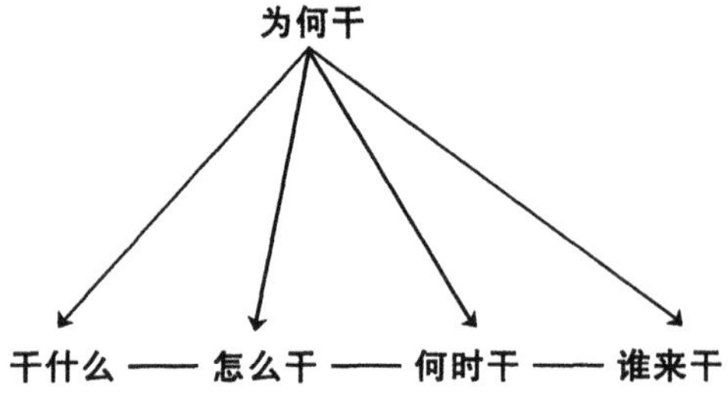

我明白了。“为何干”决定着“干什么”、“怎么干”、“何时干”、“谁来干”。

是这样。我们在制定决策时，需要决定(1)干什么，它是由 P 角色来完成的；(2)怎么干，这是由 A 角色来完成的；(3)何时干，这由 E 角色来完成；(4)谁该干，由 I 角色来完成。如果我们想要有一个解释清楚的决策，就必须满足 PAEI 四大角色。

人们常常认为自己做出了决策，但实际上他们只决定了四要素中的一个。通常他们只决定了“干什么”而没有决定“怎么干”。随后他们就会发现，决策实施的方式破坏了所决定的内容，“怎么干”破坏了“干什么”。

请举一个例子。

在与自己孩子相处的经历中你就有可能了解到这一点。他们问自己能否干某件事情，你听了后说“行”。后来，他们干了你所同意的事，不过他们干事情的方式却会让你觉得自己当初要是没同意他们就好了。

的确如此。有时候妻子不告诉我干什么，而只告诉我怎么干。但在她停止向我描述“怎么干”的全部细节之时，她实际上已经告诉了我要干什么。内容与方法是相互联系的。我明白了。

“何时干”也很重要。如果决策没有及时执行，那么，这项决策就不再有效。“谁来干”也是很重要的。有时候，你分配给任务的那个人会决定这项决策将被如何实施。不同的人是按照适应自己的不同方式去理解不同的决策的。

您是说，在向大家讲清楚“干什么”、“怎么干”、“何时干”、“谁来干”并被理解之前，决策是未被解释清楚的?只有在此之后决策才清晰了，对吗?

如果你只决定了PAEI要素中的一个，被分派去实施决策的那个人就不得不自己对其他三个要素进行解释。然后他(或她)会根据自己的风格来做这件事。结果，你就很有可能不喜欢决策被执行的方式。

所以，如果想预知一项决策会不会被正确地实施，我就应该检查四要素有没有被表达并理解清楚。这听起来符合逻辑，道理也很简单，但为什么人们在制定所有决策时不遵从这一程序呢?

因为人们具有不同的PAEI风格。独行侠，或说P－－－们，通常关注的是“干什么”，而不会花时间去把“怎么干”表达清楚。对他们来说，“何时干”的答案就是：“马上!”而“谁来干”则是当时当地抓着谁就是谁。

官僚主义者，或者说行政人员常常关注的是“怎么干”。他们是用这件事应该“怎么干”来决定“干什么”和“何时干”的。

纵火犯或称为创新者，感兴趣的是“为何干”而不是“何时干”。他们只给了一个大概的想法，而这个想法他昨天就想让你去完成了。问到他们应该“干什么”时，请注意，他们回答你的却是“为什么”他们想让你干这件事。

整合者，或称为超级跟屁虫，最感兴趣的是“谁来做这件事”，而不是“为什么”需要干这事。对他们来说，“做什么”、“怎么做”以及“何时做”都是由“谁来做”决定的。

这就是一项决策为什么常常只由一个要素决定并最后定下来而其余的要素却很模糊或根本没有表达出来的原因。采用哪种要素取决于哪一种风格在决策制定过程中居于支配地位。为了使一项好决策得以实施，所有四大要素必须最后定下来并向大家讲清楚。这要求有一个能够在相应尊重基础上协作的真正的互补团队。

所以我必须制定那种PAEI要素能被传达并理解的决策。这是不是“有一个解释清楚的决策”的全部含义?

还不是，它还必须有一个界线。

这是什么意思?

把决策想像成一个四方形，每个角便是定义决策的PAEI要素。

但四方形的意义并不只是4个角，它还有另一个具体的特性，即限定了空间。

在四方形内部是我们能干什么，能怎么干，该何时干，以及谁该来干。而四方形之外则是什么不能干，不能怎么干，谁不该干，以及什么时候不该干。

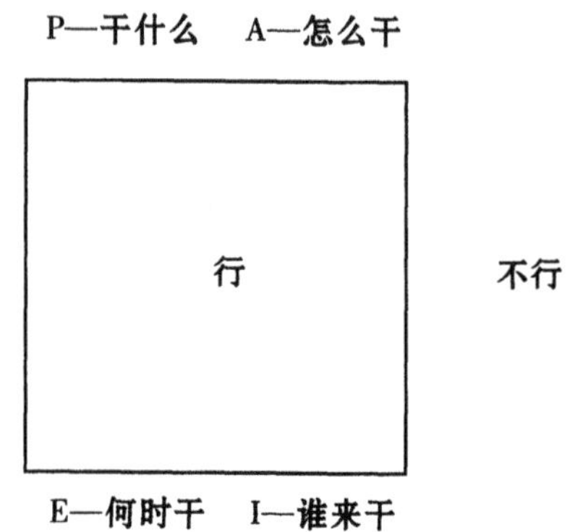

您说的这是什么意思?

我的意思是说，在不知道不能做什么之前，你并不知道自己能做什么。你思考一下由诺贝尔经济学奖得主赫伯特·西蒙(Herbert Simon))教授所举的这个例子。詹妮弗正在教汤姆如何系鞋带，一块帘子把他们隔了开来。汤姆严格按照詹妮弗所吩咐的去做，但他却错误地理解了每一个可能的方法。詹妮弗说："手握鞋带，从第一个孔中穿过去，然后从下面穿过第二个孔。"汤姆严格按照所指示的做了，只不过他把鞋带先在鞋上绕了一圈。詹妮弗不可能教给汤姆如何正确地系鞋带，除非她认识到汤姆正在干什么，并且能够告诉他什么是不能做的。

任何时候，只要试图尝试什么新事物，人们在正确地做这件事之前就必须了解不能做什么。一个人只有在同时了解了什么是不能做的时候，才真正知道什么是能做的，而这一知识来自于经验。

对于"谁来做"这一成分也是同样的道理。我们在布置任务时犯了错误，发现把它布置给某人是不合适的，其后我们才从这一经历中了解了谁应该承担这项任务。在我们搞清楚了谁不该承担这项工作时，我们就更好地了解了谁该承担这项工作。

对某些人而言，这是不是他们的第二次婚姻要好于他们的第一次

婚姻的原因?

如果他们从自己的经历中学到了什么的话，原因确实如此。好的经历来自于好的决策，好的决策来自于好的判断，而好的判断则是来自于坏的经历。我的意思是说，你在预料之中学不到什么，但你在预料之外却能学到不少东西。在预料之外你能得到反馈，你就是这样从错误中学到东西的。

我知道哪一类管理人员只凭期望去管理：纵火犯。他们做出了决策，然后期望任务得以完成。他们讨厌检查、探究根底以及进行修正。正如他们的名称所揭示的，他们在极度兴奋地放火并制造问题。

是的。管理者应该分析其决策结果、检查决策并从经验中学到东西。分析它们，直到弄明白了什么能做什么不能做、该怎么做不该怎么做、什么时候该做什么时候不该做，以及谁该做谁不该做。只有到那时，他们才有了一个完全解释清楚并被完全理解了的决策。

但到了那个时候，决策很可能已经过时了，他们将不得不一切从头开始。

没错，生活就是活着并且学习。永远如此! 实际上从来没有所谓“好决策”这样的事情，有的只是“暂时的”好决策。对于一项决策，在它发挥作用之前要花时间去试验。但即便到了那时，也别过于迷恋它，它的生命周期是很短暂的。变革率越高，决策有效性的时间周期就越短。

我明白了，请继续。

决策从图形上描述必须像一个四方形。它必须要有范围，而且必须要有四个要素。四方形代表着打算实施的决策：确定的责任。在给一个人布置了解清楚的PAEI任务(用责任四边形代表)之前，他(或她)是不能真正负责任的。

但很多时候甚至我们知道了四大要素，决策仍然不会得到实施，为什么?

PAEI要素是预测实施的首要因素，但并不是惟一因素。我们还需要有“管理能量”来使决策得以贯彻。我们常常知道需要干什么，但没有职权、权力、影响或这三者的任一种组合，我们就不能使之得以执行。

请给出这些概念的定义。

对于职权有多种定义。我采用的是社会学家马克斯·韦伯(Marx Weber)的定义：“制定某项决策的合法权力。”这与这个人知道什么事、了解什么人没有关系，它与其个性也没有关系。这是企业职务的一个部分，任何人只要得到了这项工作，他就有与这个职务相联系的制定决策的正式权力。这就是正式的职权。

现在，我省去了“制定某项决策的权力”，代之以“说‘行’的权力”。你接着来。

说行或不行的权力!

错了，你犯了一个很普遍的错误，“或”这个词很危险。

为什么?

在很多企业中，能够对建议说“不行”而不是说“行”的人在领导变革，这就有可能使企业官僚化。在官僚体系中，你会看到很多管理人员，他们能说“不行”，但只有很少几次有权(即合法的权力)对能够带来变革的决策说“行”。只有处于最高层的人才有权力说“行”和“不行”。

当企业年轻的时候，创业者可以说“行”和“不行”。他们有完全的权威：你需要使一项决策获准时，该去什么地方是毫无疑问的。随着企业的成长，创业者独自管理已太复杂了，他们不得不授权。由于害怕失控，他们一般在授予说“行”的权力时很犹豫，结果，他们只授与了说“不行”的权力。随着企业的成长，“行”就留在总经理那儿了。这样，越来越多的说“不行”的人一层层地把说“行”的人与行动者隔离开来。这是非常危险的，因为只能说“不行”的职权禁止变革，使企业官僚化。如果职权是制定有关变革的权力，那么，职权就应该是说“行”和“不行”的权力。在这一方法中，职权被定义为说“行”和“不行”的权力。如果管理者不能说“行”，那他们就不应该说“不行”。

如果提出某些变革性质的建议时，你的上司说“不行”，你问问他(或她)有没有被准许说“行”。如果你的上司没获准说“行”，那就去问谁能说“行”。这个人应该是惟一能说“不行”的人。只有这样，企业才能保持年轻并能够及时应付变革。

接下来呢?

接下来，我把职权描述为一个圆。

我明白了。圆也围住了一个空间。圆的边界定义了我所具有的职权，换句话说，是授与我的合法地制定决策的内容。圆外面的空间代表我不具备职权的区域。

现在把代表职权的圆加到定义责任的 PAEI 四方形上去，你得到了什么？

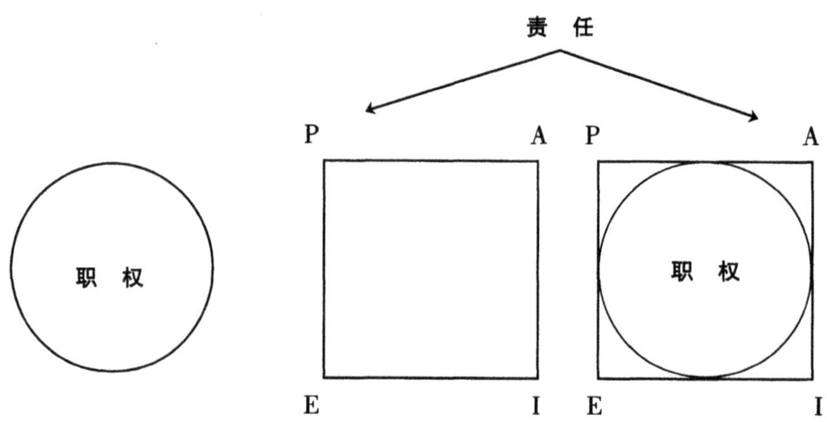

四方形和圆永远不可能完全重叠。这就是说，职权与责任永远不相等。怎么可能是这样的呢？

我提出把职权描述为圆而把责任描述为四方形，这样它们就不可能彼此相等。依据这样的定义，有时你可能有超越确定的责任的职权，而其他时候你则可能具有超越职权的责任。

大多数人把这种情况称为不良管理。一个人怎么能够对自己不具备必要的职权的事情负责任呢？

我不这样认为，我认为这样很好。这种情况在现实生活中从来如此，也应该如此。

好?您是认真的吗?如果我承担一项任务时有责任却无职权，我怎么能实施这项任务并得到公平的评价呢?

到目前为止，我给你的都是一种光学幻象。当你真的承担了一项责任时，你能用明晰的线画一个四方形，以便使你所负责的内容与你不负责的内容两者之间没有任何问题吗?在现实生活中你能不能做到这一点?

显然不行。

为什么不行?

因为存在着变化。无论我们昨天决定了什么，都有可能不适用于今天。责任只是个约数。

职权呢?

也一样，也会变化。你不可能完美无缺地勾画职权，因为随着人员(上司、员工、同事及条件)的变化，其边界会随时间而移动。

责任与权威最好像这样描述：

什么时候你才能确切地知道你负责什么、你所具有的职权是什么?什么时候你才能拥有稳定的责任和职权，以便你能稳定下来并使它们彼此相等?

只有在不存在变化的时候?

什么时候才会出现这种情况呢?

在你死了以后。

对了。只有在你死的时候，你才能完全控制自己的生活。活着就意味着不能完全控制。有时候你具有的控制力超出了你所需要的，有时候你所具有的控制力又不够，这就是生活。在一个不断变动的世界当中，你不能确切地知道你的职权与责任是正常的，甚至是有益的。

有益的?您怎么能得出这样的结论呢?

因为它意味着你还活着，你越是有活力，就越会涉入你不具有职权或控制力的境地。

那么，我该如何处理它呢?

由于职权不可能总是等于责任，所以你有时候会负有责任却没有与之相一致的职权。那么，在实施责任时你该做些什么呢?

要求职权，去争取它。

要是有职权却没责任呢?

去承担更多的责任。

正确，在一个年轻的企业中，40%的责任和职权是上面给你的，60%靠争取。在老一点的企业中，60%是上面给的，40%靠争取。不过别像A型人一样，从字面上去理解这些数字。职权与责任百分之百靠上面给予的一天，也就是企业死亡的一天。这也正是无法准确地了解你的职权与责任反倒有益的原因所在。它意味着企业年轻、有活力和富于变革精神。

但在这种不确定性之下，管理人员如何才能发挥作用呢?

如果你认为那是你的责任，那它就是你的责任。

但我很可能侵犯了别人的地盘。如果我的职责与别人的职责重叠，那会是一种什么情况?

拿起电话后说："我们有一个问题，这个问题是你的还是我的?"这样做错在什么地方?在玩网球时你是怎样打双打的?你难道要在场地中间用粉笔画一条线，然后说："这是你的地盘，那是我的地盘。"等球高速飞来时，你们是不是等在那里，直到看清楚它落在哪里时才决定由谁把球打回去?显然不是。你们俩人都盯着球。有一部分区域是你的，有一部分区域是你的队友的，中间是谁的呢?

我们的!

所以一旦球朝中间飞来，你们俩都要动起来。因此，应该看着球，而且应该彼此注意对方。

但是，要是我们俩人都跑去接球，那就不讲效率了，对吗?

是这样，但是为了有效击球，我们可能不得不牺牲一些效率。也许我们俩人都不得不跑去接球，即便只是眼睛在移动也行。

你是否注意过官僚体系的运行？为了使效率最大化，他们说："这是你的区域，别踏入别人的地盘。"每个人都有一个准确划分的责任领地，以致没有人浪费精力去做他人的工作。非常有效率。但事情变化时会出现什么情况呢？比如说，有一个问题是发生在不清楚该谁负责的区域。球已经落在了两个选手中时，也不确定是谁的"球(问题)"。官僚体系通常会采取什么措施？

它会任命第三个人站在中间。

是这样。现在就有了两个新的搞不清楚由谁负责的潜在的不确定性区域。一年之后官僚体系会做些什么？

它会再任命两人来解决新的不确定性。很快就会产生100个人员重重叠叠、搞不清楚谁该负责的区域。球场上会挤满了选手。

到那时就没有人再打球了。他们会彼此盯住对方，而不是盯着球。"别踏过这条线，这是我的地盘。""不！这是我的地盘！"这就叫做地盘之争。甚至没有人会去注意球，除非球已打在了他(或她)的鼻子尖上。每个人都在过于忙碌地保护着自己的领地。

您的意思是说，在官僚体系中，人们更关注方法与人员，而不是内容与原因？

在你的亲身经历中难道没见过这种情况吗？官僚体系没有效益，是因为他们试图通过划分个人责任并消除不确定性以获得过高的效率。你见没见过官僚化企业的工作说明？要解释清楚它们，得要一大群律师。你见过他们的手册吗？其中连篇累牍的都是如何做某件事情，对做这件事的原因却闭口不谈。

有时候为了处理责任重叠的区域，他们会任命一个委员会。官僚体系的委员会简直太多了。这难道是解决重叠问题的方法吗?

也许是，但一般情况下委员会也会觉得负不了责任。

为什么连委员会都觉得负不了责任呢?最初组建委员会的目的不就是负责吗?

原因之一是在我们的文化中，如果一个人没有绝对的职权，那么他(或她)就觉得负不了责。由于委员会中的个人并不分享职权，因此他们也没有分担责任的意识。

他们为什么要分享职权呢?

因为官僚体系所具有的是A型文化，在这种文化之下，人们宁愿精确地错，也不愿大概正确。当责任——由此也涉及到职权——没有被描述清楚时，创造一个新的职位或建立一个委员会讨论到死，也比进行创新和运用带有疑问的职权在政治上冒的风险小。

通过A型人与E型人的对比，你对A型人如何行事会看得更清楚一点。A型的人请求准许，E型的人要求原谅。对于A型的人，一切事情都是禁止的，除非明确说允许他(或她)干。对于E型的人，一切事情都是允许的，除非明确说禁止他(或她)干。

在政府部门，正是这种对待精确性和避免风险的态度助长了官僚化。一些社会由于害怕政府有可能越权而加强了这种风险规避机制。通过限制职权，社会阻止了政府机构所进行的创新。

但这可能完全无可厚非。你并不想让政府官员们超越他们的职权，那有可能使社会希望施加给其公仆的控制陷入危险状态。政府官员在那里是为了服务而不是侵扰人民。

这个观点不错。你知道“行政管理(administer)”一词的词根是什么吗?是“服务”。这就是我们说“公共行政管理(public administration)”而不说“公共管理(public management)”的原因。我们用的术语也是“技术行政管理(arts administration)”、“教育行政管理(education administration)”和“健康行政管理(health administration)”。公仆，正如其名称所示，是为了服务于艺术家、教师、医疗人员及一般意义上的人，他们在那里是为了提供方便，而不是进行管理。

我们想要的公仆是停留在他明确的职责范围的 pAeI 型的人，而艺术家、教师、医疗人员则是 PaEi 型的。

你怎么才能阻止公仆变成官僚主义者，阻止企业官僚化呢?

他们必须与艺术家、科学家或他们所服务的人分享职权与责任。这是一个互补的团队。

那么，在政府中是谁在实施 E 角色呢?

政治家。

我现在能够理解政府机构与政治团体间缺乏爱心的原因了。这显然是典型的 E 与 A 的冲突。

把政治结构整合进政府结构是一个困难的过程。它可以做到，而且我已经做到了。不过咱们别再偏离主题了，让我们回到职权并不恰好与责任相当时你所产生的疑问上去吧。我认为，责任应该约等于职权。

但是所有的管理教科书说的正好与此相反，是不是？

是这样，不过我不同意他们的意见。他们所描述的对等在现实世界中并不存在。你见过哪个管理者声称他(或她)具有其职责所需的所有职权？管理者总是抱怨他们没有足够的职权。在年轻的公司中职权是清晰的，而责任是模糊不清的。在老化的公司中责任是清晰的，职权则模糊不清。只有在企业处于盛年期时职权与责任才能真正相等，但两者在功能上却都是模糊不清的。

您说这是正常情况，因为正方形(责任)与圆(职权)两者都在变化。他们总在变动，即便有，也很少能够完全重合。

是的，职权与责任的关系一定是“或多或少”，而不是完全相等，这是因为被称为变革的现实！

但您怎么处理“或多或少”呢？您怎么处理不确定区域？变革率越高，不确定性越高，对吗？您怎么处理不确定性？

通过团队工作。如果我们有部分一致的责任，我们也该有部分一致的职权。

变动率越大，不确定性的水平就越高，这意味着所需的责任部分一致的程度就越大。部分一致的责任要求更多的部分一致的职权。职权与责任部分一致的程度越大，团队工作就必须越成功，否则的话，在时间变化的情况下，官僚化就会蔓延。最基本的结论是：变化率越快，团队工作就必须越成功，否则的话官僚化就会蔓延。

您的意思是说，我的成功某种程度上是取决于他人。

在与这一现实抗争并试图否认你的依赖性时，你是最易受到伤害的。请记住，企业是由于依赖性而诞生的，而这种依赖性在你们大家碰到一块巨石挡住去路——一块你们谁也不能独自搬开的巨石挡住去路时，才会受到检验。只有在认识到相互依赖的需要时，企业才会诞生。没有依赖性就不存在企业，也不存在管理。如果你不接受这一事实，你就无法管理。

权力呢？除了职权之外，我们还有什么？

权力是一种能力，惩罚与奖励的能力，而非权利。如果我能伤害你或使你快乐，我对你就拥有权力。

这种情况什么时候才会出现呢？

如果你想从我这里得到任何东西，我就对你拥有权力。

懂了。

现在，你是否同意我关于拒绝所期望的奖赏是一种惩罚的观点？

同意。

如果你想从我这里得到什么东西而我拒绝了你，我就是在惩罚你。我也许会说："我并不是在惩罚你，我只不过是没给你你想要的东西。"但这实际上是一种惩罚，不是吗？

在某些失败的婚姻中我见过这种情况。

你想惩罚人吗？先保证要给他们什么东西，然后别给他们。他们会大失所望而受到伤害，你让他们建立了不能实现的期望，而对自己期望过高则是惩罚自己的一种方式。当你做不到时，你会对自己备感失望。快乐之路穿不过欲望谷。

您是告诉我要像植物一样，什么也不要想吗?

我不是说什么也不要想。有要求是正常的，只是不要期待它。越是雄心勃勃，你就会变得越沮丧，而且你对自己与他人也会越苛刻。

联系到企业而言，您认为权力是一种奖惩能力，而拒绝所期望的奖励就相当于是惩罚。

是的。权力是一种给予或拒绝所期待的奖励的能力。由于你不能独自搬动巨石，所以你需要他人的合作。由于在实现任何目标的路上都有很多石头，所以只要是你搬石头(你的责任)所需的人，对你而言都拥有权力。权力也是一种给予或拒绝所需的合作的能力。

让我看看我弄懂了没有。假定我能独自完成一项工作，就不存在企业，因为我不需要别人。由于我不能独自承担责任，所以凡是我所需要的人对我而言都是有权力的。

权力的度量是你多大程度上需要他们与他们垄断了多少你需要的东西这两者的函数。这也是陷入爱河或迷恋某人是一种不可抗拒的经历的原因。我们会说：“我太需要你了。我活着不能没有你，你是我的惟一。”这种情形可能是极端痛苦，也可能是极端幸福，这要看对方的反应。

那么，什么时候我才能完全自由呢?

当你能说“我不再需要从别人那里得到任何东西”的时候。

但你会告诉我，这只有在我死后才会发生!

有趣的是，这是刻在《希腊左巴》作者尼科斯·卡赞克斯墓石上的墓志铭：“不再有希望，不再有胆怯，最终自由了。”

只要你因希冀某事而害怕某事，这件事就对你有权力，作为文明社会的一员，生活在一个高度依赖的环境中，就意味着要依靠别人。因此，社会越是文明(发达)，生活于其间的个人就越觉得没有权力。不管是出于什么原因，凡是你需要的人就对你有权力。其权力的大小取决于附着在他们那里的你所需要的东西的重要性。

现在让我问您一个问题。作为一名管理者，从哪儿去找权力?

好问题。是在上面、下面，还是在你旁边?你最需要谁?

权力在我之上，我的老板最有权力。

你已经把权力和职权搞混了。企业的上层所拥有的是更多的职权，而不是权力。也许存在某些职权化的权力，但没有职权的原始权力是在那些你最需要他们帮你完成责任的人手中，他们是谁呢?

雇员。

他们不用职权就能够拒绝合作。如果他们拒绝与你合作，你就不能执行你的职责。没有他们，你在搬开管理职责的巨石时就会遇到困难。

有一次，我在一家鞋厂的运输部跟一个工人闲聊。他跟我比较投缘，也信任我，所以对我说：“你知道当我们生老板的气时，我们是怎么干的吗?我们拿一只这个尺码的鞋，再拿一只另一个尺码的鞋，然后把它们放在同一个盒子里发出去。”

我仿佛看到企业的战略规划人员、咨询者及高层管理人员在挥汗如雨地制定市场营销和产品多样化的决策，而这儿这个赚最低工资的家伙通过不合作就把整个战略给毁了。

许多人认为通往权力之路是在企业里往上爬。往上爬的时候，为了打开一条路而常常把自己弄得遍体鳞伤。当他们最终爬到了顶点，精疲力竭之时，发现上面有一块牌子写着：“权力在此以下。”许多管理者不得不明白，他们爬得越高，他们就不得不越尊重“在此以下”的人。因为那里要么是他们的梦想和计划实现的地方，要么就是走向毁灭的地方。

一支军队什么时候会输掉一场战争?当将军不再长时间待在战壕里的时候，也就是他们忽略了前线的士兵的时候。

影响呢?它重要吗?

影响是一种能力，而非权力，它是一种不用职权或权力就使另一个人做某事的能力。

请举一个例子。

我希望，我现在所做的事情正在影响你。我不具备告诉你应该做什么的职权。如果你不按我在这里教给你的去做，我也没有拒绝给你未来的信息或合作的权力，我甚至不知道咱们会不会再见面。因此，如果你礼拜一早晨上班时出于这些谈话采取了某种与以往不同的措施，那是因为你接受了劝告的缘故。你相信它，是因为它对你有意义。

如果人们接受了我们的灌输，并在这种灌输的基础上做出了他们自己的决定，我们就影响了他们。当人们不是按自己的意志行事时，他们就已经受到了影响。除此以外的不是影响，而是权力、职权或影响的混合物。

但权力、职权及影响不是隔绝的，它们是相互联系的。

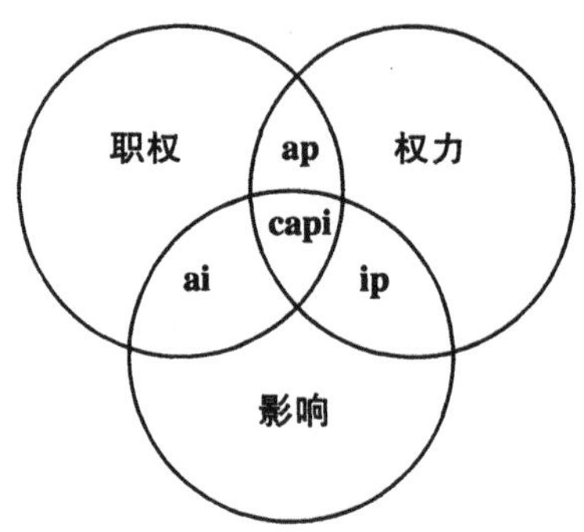

绝对如此。让我们看一看三者的组合，看一看职权、权力及影响这三个圈及其重合的情况。

这是一个魏恩图，在形式逻辑中用来表示各组概念间的关系。

当职权和权力重叠的时候你得到了什么?授与的权力 ap，这是一种惩罚与奖励的权力。例如，当一个人有权提升、涨工资、批准假期时，他就有了授与的权力 ap。

它们没有重叠时，便是没有权力的职权，这表示什么呢?

它意味着你有权让某人做事情。但要是他没做，你也拿他没办法，你可不想捅马蜂窝。这有可能是这样一种情况，公司里一位很有天赋的研究人员执意要按与其他科学家不同的方式开展工作。由于她对你很有价值，所以即便你有命令她服从的职权，但你仍然对她听之任之。应用职权的代价也许要高于其长期的价值，这便是没有权力效力的职权。

没有职权的权力是什么样的呢?

没有职权的权力在你能够拒绝合作而且不被逮住的情况下发生。想一想要想逮住把错码的鞋放进盒子里的工人有多难。如果你能逮住并处罚这样的工人，那么他们就没有权力。如果你逮不住他们，那他们确实是有权力的。另一个例子是关于邮电工人的，他们可以轻易地错投邮件。你不可能监督每一个工人。至于到处活动的销售人员，你不能陪着他们，对他们做什么、怎么做进行严格的控制。只要他们愿意，他们就有拒绝合作的有效能力。这也是我们为什么一般是通过成果来控制销售人员的原因。如果你想控制过程，那常常要比其价值还要代价昂贵，所以最好还是用激励的方法使他们做好这项工作，影响便由此而来。

权力与影响重叠的情况会是一种什么样子呢?

我称之为间接权力。当某人试图影响你，而你却觉得自己没有决定的自由时，那个人便拥有间接权力。你把这种影响视为一种威胁，一种权力。从字里行间里你意识到自己最好还是按照那个人说的去做。

请举一个例子。

公司总部主管人事的副总经理在视察工厂时对生产线提了几条建议。这个人并无在这方面决策的职权，他(或她)只是“建议”了一下。但工长由于害怕这位来自总部的人员而遵从了这些建议。当这项决策导致了一场灾难性后果时，工长会说：“公司来的人让我这么干的。”而副总经理会反驳说：“这不是事实，我只不过提了些建议。”工长觉得自己没有责任，因为他觉得自己是在威胁之下服从的。公司来的这个人也觉得没有责任，因为他(或她)并没有授权工长做任何事情，毕竟，这个人并没有决策的职权，最后结果呢?没有人对所发生的事情负责任。

当影响与职权重叠的时候呢?

我称之为有影响的职权。这就是后来被商务作家及政治家切斯特·伯纳德(Chester Barnard)称为“被接受的职权”或“职业化的职权”的内容。这种人有权力让别人干事情，而且能让人确信其说话的效力。这便是我们说“我的老板对此事是有职权的，我想她是对的，我将按照她说的去做”的时候。这是一种被接受的职权。

当职权、权力和影响重合的时候，你得到了一种新的组合。我称之为 capi，字母 c 代表“结合的(coalesced)”。你把职权、权力和影响结合到了一起。你有让人做某事的职权，你也有权力对他们进行奖惩，你还能影响他们，达到你想要达到的效果。当你具备了 capi 时，人们没有理由不服从你，你具有决策的合法权利，他们知道你有权力进行奖惩，而且他们受决策内容的影响，认为它是英明的。在这种情况下，你就有了控制力。

但愿我能如此。

我的朋友，现在到休息的时候了。我们已经知道了，要实施决策，首先必须把决策解释清楚，这意味着……

所有的 PAEI 要素都应该完全表述清楚。

这又意味着……

干什么，怎么干，何时干，以及谁来干。

还意味着……

不能干什么，不能怎么干，何时不能干，以及谁不能干。

为了实施这一解释清楚的决策，我们需要职权、权力和影响力……

或三者的任何一种组合。

下一次，咱们讨论如何预测一项决策的实施效率。

谈话 8

预测决策实施效率

上次咱们的谈话在什么地方结束的?

我来小结一下。我已经有了一个定义清晰的 PAEI 决策，一个责任四方形，而且我理解了职权、权力、影响及其组合。您答应要告诉我如何预测高效率的实施。

我们假定职权、权力及影响处于一个责任四方形上，如同我们在图中所描绘的一样。看看会出现什么情况，我们会得到三种情形。

在第一种情况下，管理者具备了职权、权力、影响或它们的任一种组合，以便承担他们的责任。但其 capi 能力，即图中三者重合的核心部分，未能覆盖其责任。它太小了，这意味着什么呢?

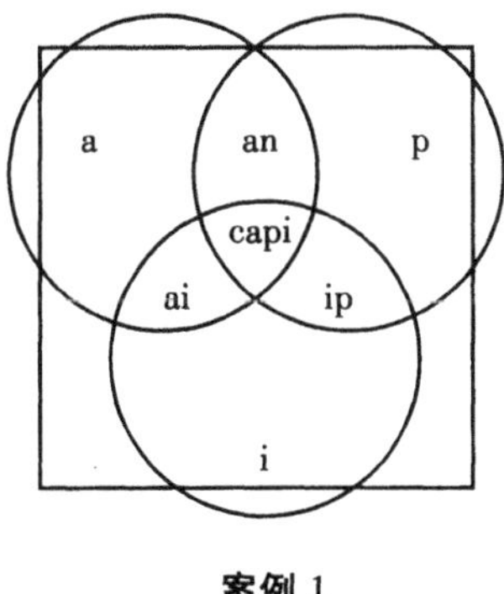

案例 1

这些管理者具备了承担责任的足够的职权、权力和影响，但都不具备能覆盖其所有职责的 capi 控制力。

正确。具备了充足的职权、权力、影响或三者任一组合的人能否承担其责任呢?他们能否有效率?他们能不能实施其决策?

他们将成为耍把戏一类的管理者。对于其责任的某些部分而言，他们只具备职权。他们不得不决策，然后希望自己的决策能被实施。对于另一些部分，他们不具备职权却具备了权力。他们会对那些他们需要其帮助的人说：“帮我一把，以后我也会帮你。”对于其责任的第三部分，他们只具备影响。他们不得不使他人信服以帮助自己。

他们只控制了其责任的很小的一个部分，在这一部分他们具备了 capi。只有在这一部分，他们制定决策后事情可以得到实施，因为他们同时具备了职权、权力和影响。

但是这些圆并未完全覆盖四方形。在某些责任区域，这些管理者不具备任何职权、权力和影响。

由于变革的存在，这是很正常的。四方形和圆是“运动的”，它们很少能够相等。

当责任大于职权或职权大于责任时，这个人将不得不去争取职权或责任。我们将在后面讨论如何做到这一点。现在先进行第二种情况，在这种情况下，职权、权力与影响之圆是不重合的，尽管它们差不多覆盖了四方形，但不存在capi。从图解上如何看待这一现象？

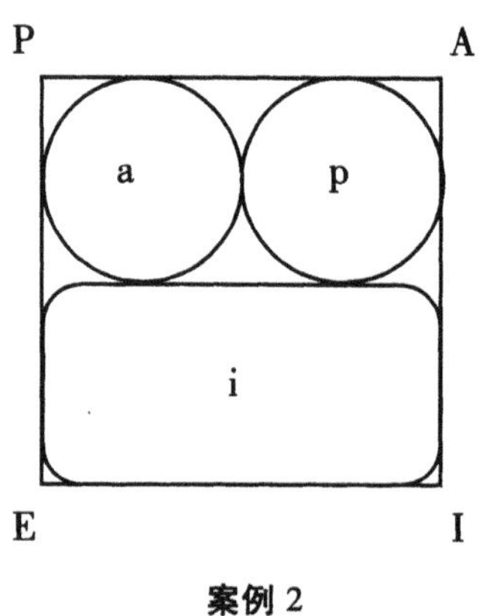

案例 2

这种情况下管理者能够实施其决策吗？他们能负责任吗？

这次将会更为困难。

为什么？

因为没有权力的职权一文不值。一个有职权而无权力的人能干什么呢？

没有职权的权力会怎样呢？

没有职权的权力是相当危险的。它能起作用的时间很短，但迟早会带来意想不到的恶果，因为它是非法的。

如果仅有影响呢?

没有职权和权力，影响照样起作用，不过需要很长时间才能建立影响。

那么，管理者在短期该做些什么呢?

他们能够取得成效，不过我敢打赌他们睡不安稳。他们将度过无数个不眠之夜，去思考加强其决策的办法。

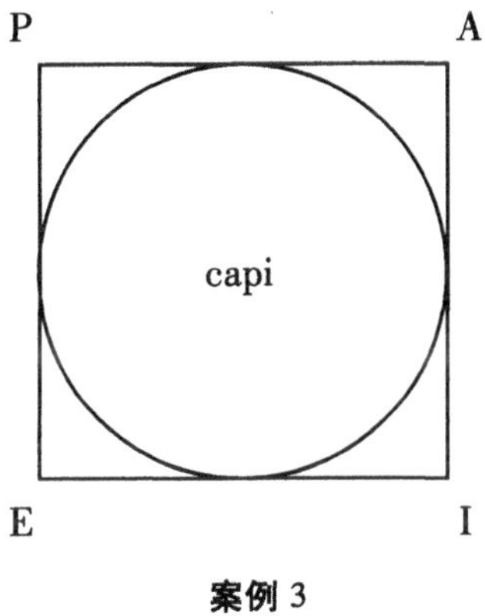

案例 3

现在看第三种情况。三个圆完全重合，所以你具备完全的 capi，而且这基本上覆盖了四方形。

你如何理解这个图形?

对于其责任的每一个部分，管理者都具备相互加强的职权、权力和影响。

现在他们能否实施自己的决策?

没问题!他们具有决策的权利，而且可以通过影响和权力支持这一权利，影响和权力两者都是合法化的，而且归其所有。

管理者在这一情形下的决策是可以实现的。再看一看这三种情形。

第一种情况　　第二种情况　　第三种情况

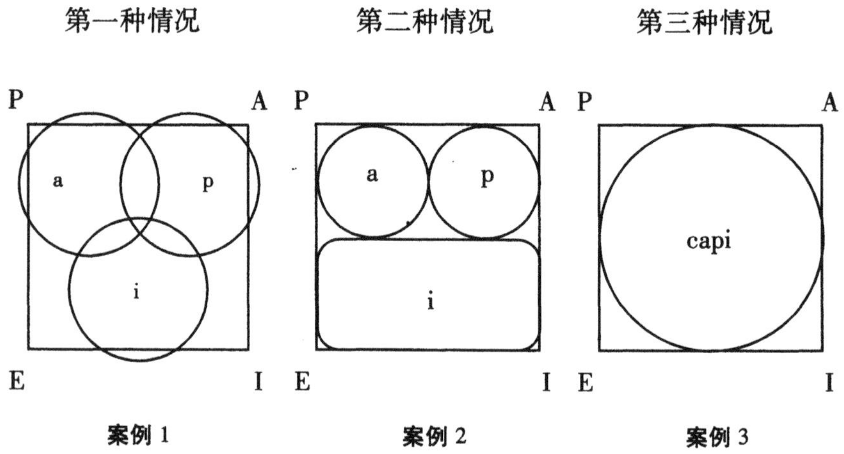

案例 1　　案例 2　　案例 3

在这三种情况的任一种情形之下，管理者能否承担其责任?

是的，只要他们具备了职权、权力与影响，他们就能承担。只要差不多覆盖了四方形，他们就能完成自己的管理工作。

这意味着在每一种情况下，他们在成效上是相同的。但他们在效率上一样吗?谁在晚上睡得最好?他们所要做的只是决策，之后自会实现。

第三种情况下的管理者!

对了。他们具有完全的 capi，即完全覆盖其责任的职权、权力和影响。他们决策之后能睡得着觉。谁最没有效率？谁在晚上睡得最少？

capi 为零的管理者。

你已经发现了一个非常重要的概念：管理或领导的效率。它可以用管理者为了实施其决策必须耗费的能量来衡量。

管理效率是职权、权力、影响及相关责任的函数。当管理者具备了对其责任而言足够的职权、权力与影响时，他们就具有了成效。我把这种总的管理能量称为“权威”，以符号 A∑ 表示，这是权威总和或总体的数学表达形式。权威等于职权、权力、影响，职权与权力、职权与影响，影响与权力及 capi 之和。其数学表达式为：

$$A\sum = a + p + i + \mu ap + \mu ai + \mu ip + \mu api$$

从另一方面讲，capi 只是魏恩图的核心部分，在这里，职权、权力和影响是重合的。

capi = μapi

管理效果 = f{权威/责任}

只要你有足够的权威去承担自己的责任，你作为管理者就是有成效的。管理效率是管理者所拥有的权威总和中的 capi 量的函数。capi 的量越大，他们就越用不着去求爷爷告奶奶。

管理效率 = f{capi/权威}

我想我搞懂了。为了决策实施的效益与效率，所有管理者需要的就是覆盖其责任的 capi，这意味着他们在需要实施决策时就应该具备所有的职权、权力和影响。

对的。但你见过多少人具备完全的capi，具备完全覆盖其责任的影响力?这种情况只在极权专政的情况下才会存在，而且也只是短暂地存在。

为什么?

想像一下拥有全部的职权、权力和影响的情况。你最倾向于用哪种管理能量(权威)之源?谁最有效率?

权力!从孩子们身上我就能看到这一点。当我没时间去劝说他们做某事时，我就用惩罚来威胁。

这就是“权力即腐败，绝对的权力即绝对的腐败”的原因。权力会产生立竿见影的效果，但随着时间的推移，要达到同样的效果所需要的权力剂量会越来越大，就像毒品一样。

权力之所以腐败是因为它有成效而且易于应用。当你拥有承担自己的责任所需的所有权力时，便存在你受引诱只应用权力的绝好机会，如果你这样做了，它会破坏你的影响，减少你的职权。你越运用权力，权力的成效就越是减少。最终你会丧失权力，因为你所能进行的惩罚是有限度的。完全的capi是很罕见的，即便有也是一种不稳定状态。

但是，如果没有任何一个单独的人在每一责任的每一时刻都具备capi，那是不是说所有决策实施起来都不会有效率呢?我知道不是。这与我们在PAEI上达成的结论一样。尽管我们需要完全的capi，但没有人能独自拥有它。对于完全的capi，我们又一次需要一个团队。

又回到了团队工作。但这一次我们需要的团队不是制定决策，而是实施决策。如果管理者对其责任整体而言不具备capi，他们就需要寻求他人的合作。他们就必须考虑寻求其合作的人的利益，也就是那些拥有权力及影响的人的利益。

这很有意义，但人不能在所有时候都靠团队管理。管理者每次想改变什么时都会召开一个会议吗？真要那样的话就会使一个企业陷入瘫痪。正常的管理者会做些什么？

这个问题问得好，看我们能不能找到答案。三种情况中，最常遇见的是哪一种？

我想，是第一种，在这种情况下，管理者对某些责任具备capi，对某些责任具备职权、权力或影响，对其余的则具备三者的组合，或什么也不具备。

我们必须学会如何在正常条件下提高我们所做事情的效率。别梦想能成为对一切事情都具有完全的capi的独裁者。很多的管理者在夜深人静时自言自语：“噢，要是我能拥有所有我需要的权力，要是我们能够挫败工会，要是人们真的必须为其工资而工作，那就不会再有任何问题。事情就会好办多了！”这样的管理者我听得多了。就长期而言，独裁式的权力并不会给他们提供控制力。他们必须放弃对完全的权力和独裁式管理的梦想。相反，他们要学会在正常的条件下如何工作，在这种情况下，他们并不具备所需的所有权力、职权与影响。

他们如何才能做到这一点呢？

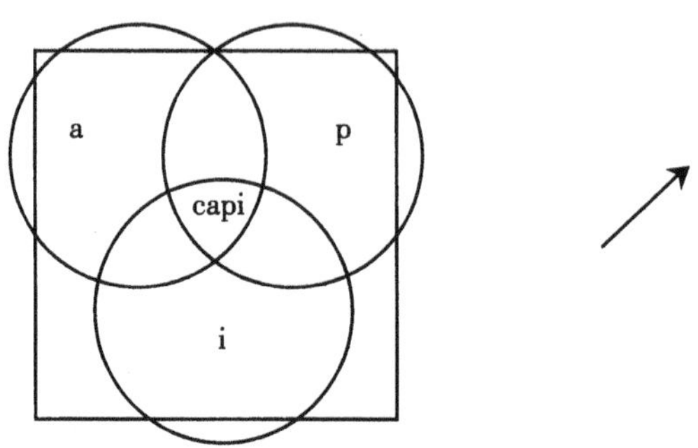

假定第一种情况是一块镖靶，像人们在证券分析中常常讲的一个笑话中的镖靶一样：当他们不知道该怎么办时，他们就往靶上掷一支飞镖，而靶子的不同区域分别标着“买”、“卖”、“卖空”、“跳楼”等等。让我们在我们的圆和四方形上也玩一个同样的飞镖游戏，看看会出现什么情况。现在你碰到了一个问题，这个问题一般是通过邮件、电话或门底下到你这儿来的——账单。你怎么解决呢?拿一支镖扔到靶上去。假定镖击中的地方远离四方形，如我所画的那样。你应该做什么?

显然，这个问题不是我的责任。

对了，别像独行侠一样，他们认为一切事情都是自己的责任。他们像管理吸尘器一样，他们朝着自己的属下喊：“你碰那问题干什么?把它放到我桌上!”他们在公司转完一圈以后，已经把所有的问题吸到了自己肚子里。

并不是一切事情都是你的问题。如果它不在你的四方形内，那就说：“这不由我负责，去找杰克、比尔或唐纳。”在企业中，我们必须要有明确的责任区。然而，请记住，把问题带给杰克、比尔或唐纳是你应负的责任。不要因为它未落在你的责任四方形中就忽略这个问题。

如果你是总经理，你可以通过划入或划出你自己的责任区来决定你的四方形边界。你觉得要对一切事情负责，但你用不着事必躬亲，你只要把每一件事情当作你的责任加以关心就行了。

对于那些具有社会意识并且为其信仰而奋斗的社会政治活动家而言，这也是千真万确的真理。尽管他们不是总统，但他们会像总统一样行事。

这个观点提得好。在民主制下，每一位公民不仅是总统的可能候选人，而且应该像总统一样思维，其原因正在于此。每一位公民都应该关心这一整体，并身体力行。

对于管理良好的企业而言也一样。每位雇员都应思经理所思，每位管理者都应想雇员所想。

问　　题

现在咱们再扔一支镖。这次，飞镖正中靶心——即你的四方形的正中，capi 的位置。这个问题是你的责任吗?

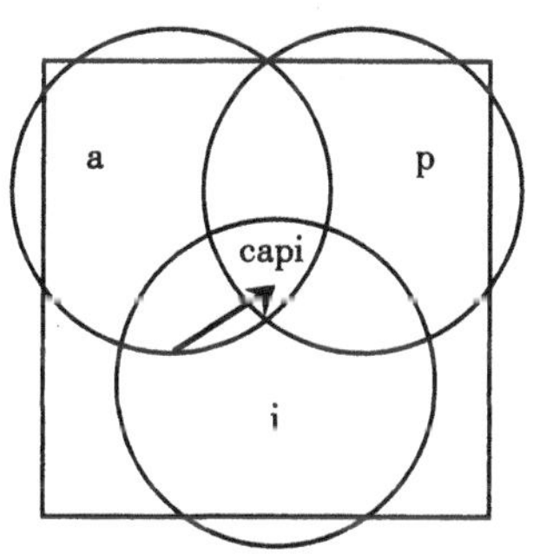

当然，因为它落在了我的责任四方形之内。

你具备了职权、权力和影响，你具备了 capi，对吗?

是的。

对这一问题你该怎么办呢?它是你的责任。你具备了所需的全部职权、权力和影响，你该怎么办?

决策!制定决策并坚持到底。

正确。在加州他们会说：“那是你的事!”别召开什么会议，没必要。如果你确实要开，那也只是把你的决策告诉别人。如果他们不喜欢这个决策，你星期一早上将接受辞呈。在这里我们不需要参与式管理。那是你的责任，你控制着局面。干吧!

现在再扔一支飞镖。这一次，正如你所见到的，它落在了四方形的职权圈之内，这意味着它是你的责任，但你对这件事情只拥有职权。你没有影响，也没有权力，你能负责吗?

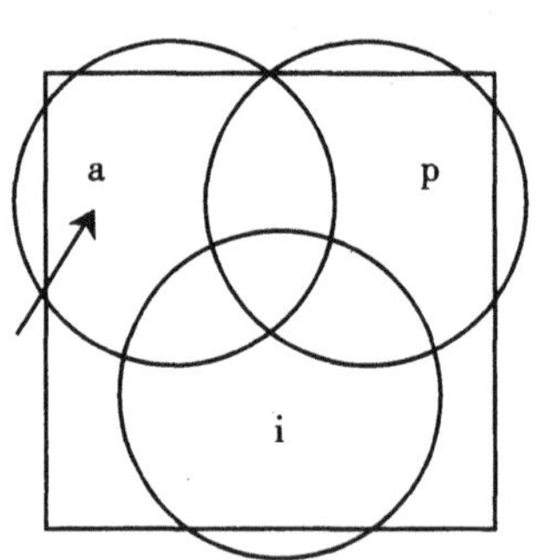

能。

但你只具有职权，没有权力或影响，你该怎么办呢?

现在是召开会议的时候了。

正确，但为什么呢?

因为没有权力及影响的职权无法让我走得更远。

事实上，如果你只具有职权，你就处于管理透支状态。

什么?

让我做给你看。这个问题太重要了，你要搞明白才行。

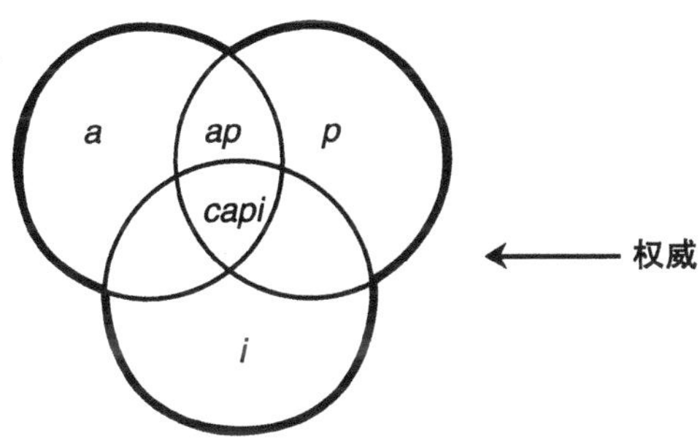

我们来看妈妈劝孩子吃菠菜时所做的管理工作。首先，她这样说："吃吧。菠菜对你有好处。'大眼睛'吃菠菜，看他长得多壮。要是你吃了菠菜，你也会长得像'大眼睛'一样壮的。"
她处于图的什么位置?她在运用权威的哪一部分?

影响。

是的。但孩子说："不!我讨厌菠菜。"所以妈妈又试了一次，这次她说："爸爸回家时，我会告诉他你是个乖孩子。要是你吃了菠菜，他会带你去动物园的。"她已经移出影响的圈子,正在运用……

有影响的权力。

是的，她通过暗示潜在的奖赏或危险正在运用有影响的权力。但孩子仍然拒绝吃菠菜。

要是妈妈非常生气，惩罚了孩子，她用的是什么?

授与的权力。

但要是丈夫回家后说：“你都干了些什么?你惩罚孩子是出于什么目的?他要是不想吃菠菜，不吃就是了。”

那她运用的就是未授与的权力。

这种情况在父母分享权威的现代家庭中是很容易碰到的。没有人能声称拥有绝对的权威。

孩子仍然拒绝吃菠菜，而且又哭又闹。于是妈妈也开始哭了：“你从来不听妈的话。妈妈让你干的事你从来不去干。你有什么毛病?听我的吧，我是你妈妈!”

现在她在运用职权。但难道孩子不是已经知道她是她妈妈了吗?

是的。这正是要害之所在!你不得不提醒大家你的职权的时候，显然应该是你处于管理透支状态的时候。当你告诉员工“去干这件事，因为我是你的的老板”的时候，你在提醒他们什么?难道他们不知道你是老板吗?如果你不得不提醒他们这一显而易见的事实，那你就处于麻烦之中了。要是某个人说“但我是你的丈夫”，或“我是你的妻子”时，他(或她)也正在诉说着同样显而易见的事情。这意味着所有的权威之源、管理能量之源已经枯竭了。这个人只剩下了最后一口气。这很危险，因为某些事实是永远不应讲出来的。你把它们讲出来之后，你就一无所剩了。

所以职权本身是非常脆弱的，除非有权力与影响的支持。要是光用职权，你可能至多能用一两次。要是你不断地乞求孩子："但我是你的父母啊!"他们最终有可能说："那又怎么样!"在这种情况下，你就真的什么也不能做了。

如果只拥有职权，你该怎么办呢?

召开会议。

为什么?

使之与权力和影响相结合。

你召集谁开会?

那些具有破坏我的解决办法的权力的人、我需要其合作的人，以及以影响相威胁的人，他们能说服别的人。

我并不把这种情况称为"问题"，我称之为"超前问题"。因为你只有在解决了超前问题之后，你才能解决问题本身。

什么是超前问题?

超前问题

你召开会议的时候，你不能确保每个人都来。要是他们来了，你也不能确保他们会合作。可能你召开了一个会议，但人们没有参加，因为他们不为你工作。也许他们是为你工作，但工会由于害怕他们会合作而不想让他们参加。或者，他们不信任你，或不尊重你，或认为那不是他们的问题……等等。即便他们来了，他们的所作所为也像他们不在场一样。

那我该怎么办?

你必须首先解决超前问题，你必须劝说他们合作。在我能解决需要其合作的问题之前，你必须解决创造合作环境的超前问题。

我怎么做到这一点呢?

有个笑话能够说明这一问题。一只母鸡和一头猪是非常要好的朋友。有一天母鸡说：“我们相处得这么好，为什么我们不合伙做一桩生意呢?”猪回答道：“好主意。你是怎么考虑的?”母鸡说：“我已经研究了现在的市场条件，并且也找了一些能够应用我们的协同能力的机会。我的结论是，我们应该开一家连锁店，给大家提供……火腿蛋。”猪盯着母鸡说：“真是个了不起的主意。但是对你仅是做点贡献的事，对我而言则要牺牲我的全部了。”

许多决策对企业而言是不错，但它们却不符合实施决策所必需的人的利益。

您要把我朝哪里引导?

每一个成分——职权、权力和影响——都反映着所涉及的不同人的不同的自我利益。职权一般反映的是管理人员的自我利益。他们拥有从股东那里流向董事会再流向管理人员的职权，他们“以××的名义”在行事。管理者所拥有的是合法职权。

谁拥有权力呢?

下属。组成工会的工人，或没有组成工会的工人。

如果他们组成了工会，那就是授与的权力。

员工拥有权力,但其要求与管理者不同。管理者想使企业成长,以获得投资的最大回报,他们想使企业长期强盛。管理者通过购股优先权和红利得到回报。工人对什么感兴趣?眼前利益、现钱、福利等等。

为什么呢?这样做似乎不够忠诚。

但这是司空见惯而且是预料之中的事。雇员并不知道自己能否长期待在这家企业，并从其长远计划中获益。他们没有参与制定这些规划。更为普遍的是，他们甚至不知道计划的内容。这些长期规划常常把他们排除在外,他们有可能随时遭到解雇。他们没有任何控制力,也没有购股优先权。管理人员可以通过分享利润和奖金而得到长远利益，每一个团体自然只对自己能够获利的事情感兴趣。对此有什么大惊小怪的呢?美国就是在自我利益和追寻幸福的理念基础上建立起来的。

现在我明白日本工人为什么更具献身精神、更加支持变革了。公司对他们的将来负责，通过分红的方式，工人们也会因其采取合作态度而受益。以前我没有想到过这一点。

是的，但是你要小心。在一些国家，比如瑞典，虽然实行了长期雇佣政策和参与式管理，但产生的却是不同的结果。这取决于你如何实行这种管理。日本人实行的参与式管理和终身雇佣是其I型文化的表现。当你通过法律来实行这一套，就像在瑞典那样，同样的方法就成了……

A 型文化。

对了。依据法律你不能解雇人，但依据法律你却必须实行参与式管理。

这会对 E 角色产生影响吗?

绝对有影响。譬如，在南斯拉夫，政府也通过法律(通过 A 的方式)强制实行参与式管理。结果呢，整个经济实质上已崩溃了。E，接下来必然是 P 会分崩离析。创新精神被窒息时，生产率会极大地受到损害。

当 P 下降，经济条件恶化时，I 也会下降。大家彼此诋毁，寻找着替罪羊。除了经济灾难外，他们还有一场政治灾难。

另外一个例子是瑞典。这个国家的人试图把 E 因素 A 化。

怎么 A 化?

法律规定，人们必须把收入的一部分用于储蓄与投资。

那么，人们必然会隐瞒收入。

我也这样认为。由于 A 泛滥会困扰 E，它最终也会扼杀 P。在瑞典，没有一个词能直译“创新”。400 年前他们曾有过一个词，但这个词已经销声匿迹了!一旦这个词消失了……

那么，这种意识也就消失了。

是的。不过我觉得咱们已经离题太远了，我们刚才正在讨论拥有职权和权力的人如何占有不同的利益。

在企业中，有影响的是谁?

影响一般是由专家、职能部门的人员和专业人员代表的。他们对什么感兴趣呢?最大的研究与开发预算、最为专业的发展方向以及最为自由的研究能力。

从计算机专业人员身上我已注意到了这一点。如果给他们提供好一些的计算机，他们会很轻易地更换公司。学者也一样，他们只对自己的学科领域保持忠诚，而不是聘请他们的企业。

的确如此。capi 的每一成分都反映了不同的自我利益。如果你想解决超前性问题，你必须干什么?考虑一下共同利益，想一想如何创造一种大家都赢的环境。想一想你所需的人为什么就该到这里来共同解决问题。你可能会犯的一个错误是召开一个会议宣布：“女士们先生们，我们有一个问题，我的解决方案是……”他们会想：“如果是我们有一个问题，我们为什么要接受你的解决方案呢?”

你应该这样说：“我们都有这样一个问题。我有一个问题，而这也是你的问题。让我告诉大家，我是如何看待我们共有的这个问题的。对于解决方案，我有一个建议，但我很想听听你们的想法，以便我们共同达成咱们的解决方案。在这里大家利益一致，我们是同在一条船上!”

数年前，迈克尔·德拉马德竞选墨西哥总统时，他有一句口号：“La solucion somos todos.”意思是：“这是我们大家的方案!”根据您的理论，如果方案是全体墨西哥人民的，那么问题也就成了全体墨西哥人民的。

这也包括德拉马德及其政府。在他任期届满之后，人们指责他是墨西哥最大的问题。仅有人民并不是问题，仅有政府也不是解决方案，两者都必须承担作为问题及寻求解决方案的责任。管理人员有时会问员工："你是不是解决方案或问题的一部分?"这是一种人为的区分。如果一个人不是问题的一个部分，他就不应该成为解决方案的一个部分；但如果他是问题的一部分，那他最好能成为解决方案的一部分。

请举一个企业方面的例子。

人们指责美国人的生产效率不高。在工业化国家中，美国也许是生产率增长最低的国家之一，这是不是个问题?

当然是。

好。提高生产率是不是处于管理责任四方形之内?

当然!

那现在让我来问你：这是问题，还是超前问题?

如果管理者拥有提高生产率所需的所有职权、权力和影响，那它对管理者而言就是一个问题。但管理者并不拥有解决这一问题的所有管理能量，管理者完全拥有的只是职权。我明白了，这是一个超前问题。

对了。如果它是一个超前问题，职权就需要与权力和影响结合。这表明，在管理者和工人学会共同努力之前，美国的生产率是不会提高的。这是一个反映政治价值的政治哲学问题。美国拥有最先进的技术，因此缺乏技术不是造成低生产率的原因。美国工人作为个体并不见得比日本人的敬业精神更差，他们在日本人管理之下工作的出色程度足以证明这一点。生产率是两个权力中心之间的政治问题：管理者与劳动者。你知道日本和德国在经济上打败美国的原因之一是什么吗?他们从美国购买技术，然后他们的管理人员与工人合作，用这一技术胜过美国的业绩。美国的制造业还停留在企业与企业之间以及企业内部是对立关系的理念上。多元论正在破坏企业，甚至是家庭。我们的个人主义已经太离谱了。我们宁可彼此争斗，而不愿团结起来共同面对国外竞争。

那么，美国在解决其管理者与劳动者之间的敌对关系之前，其生产率是不会提高的。

美国否认劳动者在制定决策中的权利，这是一个很大的错误。我们需要把劳动者的管理权利合法化，使之接受参与而不是对抗管理的责任。低生产率是一个超前问题，而不是一个问题。当我们说“管理者应该解决这一问题”时，我们实际上是在拒绝解决这一问题，因为光靠管理者解决不了这个问题!

当你有一个超前问题时，必须召开会议。你必须问自己：“我如何才能把它作为一个我们大家共同的问题提出来，创造出一种环境，使我们能够达成一个共同的解决方案?”

要是你能够除掉某些人而把握权力会怎么样呢?这会不会把超前问题转化为问题?

要是这样的话，你可能会使企业自杀。问题并未见得要你做出这样的牺牲。事实上，你会更多地伤害自己，而不是那些反对你的人。要是你打不过他们，那么你最好还是与他们联合。

超前的超前问题

如果飞镖落在影响圈内会出现什么情况呢?它是我的责任,但我既无职权又无权力，只有影响。

许多企业都会出现这种情况。在你之上的人拥有职权，在你之下的人拥有权力，而你夹在中间，你只拥有承担责任的影响力。

听起来真让人紧张，说不定会引起高血压呢。

有些人会简单地放下心来，他们说：“去它的吧，那不是我的责任。如果不具备职权或权力，我不可能负责。”由此他们缩小了自己觉得要负责任的区域。这也是许多企业存在不少无人负责的区域的原因。结果是企业丧失了效益，顾客也受到影响。

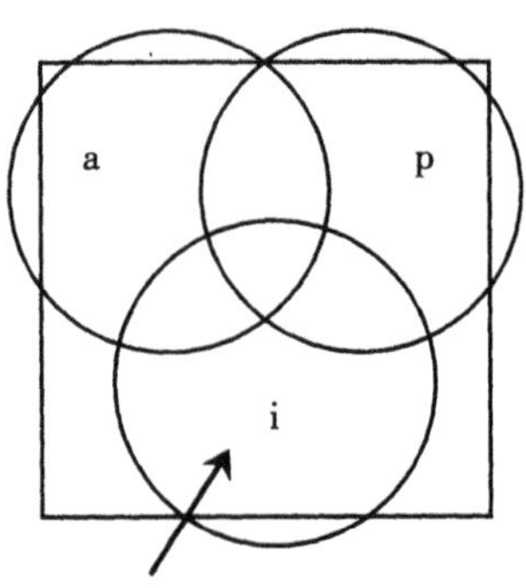

但假定你想完成这项工作，你必须怎么办呢?

你必须运用你的影响。我把这种情况称之为超前的超前问题。在这种情况下，你必须使得拥有职权的人召集那些拥有权力和影响的人开会。这样整个团体才能结合成capi，去解决由你负责的问题。

这好像没那么容易。

你必须不止一次地去学习这种技巧，你必须与不同的人用他们自己的语言沟通。你与 P 型人沟通的办法跟你与 A 型人、E 型人或 I 型人沟通的办法不会一样。我们需要另一次谈话来讨论这些不同的语言，我先提示你几点。

譬如，A 型性格很强的人，无论是官僚主义者还是行政人员，一般都不喜欢谈论机会。对他们而言，每一个机会都是问题。他们总是想到你所建议的想法带来的反作用。纵火犯(或创新者)则讨厌谈问题。“我付你工资就是让你去解决问题的。”他们会这样说，他们更愿意谈论机遇。因此，对 E 型人而言是机会的，对 A 型人则是问题。这也是他们一般彼此看不顺眼的原因。

有趣的是，“机会”与“问题”两个词实际上是指同一事物，在汉语中，两个词有着同样的涵义。一件事物是问题还是机会取决于由谁来看。

你的态度决定了某一事物是问题还是机会。如果你解决了问题，结果便是你变得更为强大、更为优秀，所以它实际上是个机会。从另一个方面讲，如果你什么也没干错过了机会，而你的竞争者利用了它，对你而言则可能成为问题。

正因为如此，我把汉语中的这个词译为英语时译作“opporthreat”。它是指一种既可能是机会又可能是问题的情况，就看你怎么理解它了。“opporthreat”是一个中性词，而“问题”与“机会”都带有感情色彩。

这儿有一个不同类型的例子。如果 E 型的人不同意某一主张，他们一般会毫不掩饰地说出来。他们不停地谈论，自言自语。正因为如此，他们不喜欢独自一人，他们太喋喋不休、太富创造力了，以致你连给他们讲一个笑话都讲不完。如果你讲一个笑话，会提醒他们想起另一个笑话。他们甚至会打断你的妙语，他们特别富于表达力。如果他们不同意，他们会四处宣扬。对他们而言，沉默便意味着赞同。

犹太人以其强烈的E型性格而闻名，在希伯莱语中有这么一句话："shtika ke hodaya."（"沉默即赞同。"）对A型性格的人则相反。如果他们不赞成，他们会盯着你一言不发！

这有可能造成很大的沟通问题。只要想像一下一个E型人跟A型人的谈话就行了。E型人总是说说说，说个不停，而A型人却一个字也不吐。当E型人离开时，她会想："太妙了！他接受了。"与此同时，A型人正在想："她简直疯了，她会毁了我们，她的主意决不会得逞。"过了一段时间后，E型人会问："咱们同意过的那个主张怎么样了？"

A型的人会回答："同意？我当时就认为那个主张会是一场灾难。"

"但你一个字也没说呀。"E型的人会说。现在，她又有了一个不相信A型人的理由。他们显然是难以沟通。

这个例子太有用了！

我再给你举一个PAEI风格不同的人语言也不同的例子。当A型性格的人不了解一件事会怎么样，而你又去问他们这件事能不能做时，他们倾向于说"不"。于是你加以解释，但他们仍然说"不"，因为他们仍然没有完全理解。所以你继续解释，最后，当他们确信自己已经完全理解时——只有在他们认为不涉及任何风险时才会出现这种情况——他们会说"是"。

什么意思？

这意味着对A而言，"不"并不意味着"不"，"不"意味着也许。在他们完全理解之前，你必须一直把"不"理解为"也许"。于是他们会说："好的，我明白你的意思了，行。"

当然，你同时也能意识到，对 A 型人来说，“是”就是“是”。他们说“是”就像生孩子一样难。他们说“是”可真难受，不过一旦他们说了，那是可以靠得住的。

E 型的人呢?

创新者 E 或纵火犯，情况恰恰相反:“是”意味着也许。如果你问他们:“我们能做吗?”而且要做的事看起来也比较有意思，他们也许会说:“为什么不干呢?”但这种态度只持续到你没打算行动时为止。话说起来很漂亮，他们会说:“没问题!给我讲详细一点。”直到理解以前他们都会这样说，可只有到行动的时候他们才会理解。接下来他们就会说:“什么?那件事?不!你不能做。”对 E 型的人而言，“是”是“也许”，“不”可是确定无疑的。一旦他们说了“不”而你却以为这件事仍可讨论,当你再次把它提出来时便会遇到麻烦。

这便是 A 型人与 E 型人不能沟通的原因。A 型人是从 E 型人那里听到“是”之后才往前进行的。后来 E 型人却改了主意，这会把 A 型人逼疯的。“是你说行才行的，难道你没有说行吗?”E 型的人会回答:“噢，我当时只不过是自言自语罢了。我说‘行’时用的是升调，而不是降调。”

反之亦然。当 E 型人从 A 型人那里听到“不”时也会发疯的。“你怎么能说‘不’呢?你根本不知道我们在谈什么。我还没说完你就在说‘不’了。”但 A 型人的意思并不是“不”，他的意思是“也许”。

那么，对谁而言“‘是’即‘是’，‘不’即‘不’，没有任何不清楚的呢?”

P 型的人。

谁说“是”意味着“也许”，而且他们避免说“不”?

I 型的人。

列个表，表示这些倾向是这样的：

含义 表达	P	A	E	I
是	是	是	也许	也许
否	否	也许	否	也许

如果你只有影响力，而你又想解决问题，你就必须了解你试图沟通的人的不同语言。如果你不了解，你就无法沟通。原则是：“别把他们当成你一样对待。”通常我们跟别人讲话就当我们正在跟自己讲话一样，等后来别人不理解我们时自己却又会大失所望。关键在于你要用人们能理解的语言与他们讲话。

这次谈话时间够长了。能请您总结一下吗？

好的，我们总结一下吧。

要实施一项决策，这项决策就必须解释清楚。内容、方法、原因、时间及人员都必须明确。接下来你必须具备职权、权力和影响使之贯彻到底。根据你是否具备了 capi，或是只具备职权，或只具备权力，或只具备影响，或具备权威成分的某一组合，你可以制定一套实施战略方案。你是从问题、超前性问题，还是从超前的超前问题着手？如果是超前的超前性问题，你就必须运用影响力，用听者能够理解的风格劝说他们。如果你只具备了职权，这是一个超前问题，你就必须懂得如何通过寻找共同利益创造一种大家都赢的环境。这样你们才会共同达成一个大家都支持的结论。如果你具备了 capi，那就是你的问题，你必须学会如何运用 capi，而不是滥用它；如果你只运用了 capi 中的权力成分，最终会出现事与愿违的恶果。

如果你具备了 capi，你就有可能成为专家。你必须了解怎样制定正确的决策，怎样沟通、检查与实施。如果你不具备职权，你就不得不成为政治家。你必须创造一种大家都赢的环境，在这个环境中每个人都“同舟共济”。如果你只具备影响，你就必须成为业余心理学家。你必须了解如何用人们能够理解的语言与之沟通。

您的意思是说，好的管理人员、领导和父母应该成为专家、政治家以及心理学家？

是的，这三者都是你所需要的。“我热爱管理，只是这些人让我忍受不了。”“我讨厌政治。”说这种话的人太多了。他们所想做的只是制定好的决策，仅此而已。他们想成为好的管理专家，却不想为推销自己的决策操心。他们不想与他人独特的利益和沟通风格打交道。当他们不得不寻求别人的合作时便觉得不自在。有关他们的消息我听得多了——不过都是些坏消息。只有少数情况下管理者才具备 capi，奢侈地负担得起作为专家的代价。大多数情况下一个人不具备覆盖其全部责任的完全的 capi，因此才需要使之结合起来。

实施的效率取决于对一项工作你能把多少 capi 结合进去，从实施所必需的人那里你能得到多少完成这项责任所需的合作。要做到这一点，一个人必须成为专家、政治家和心理学家。

太谢谢您了。咱们能不能过一段时间再继续？

当然可以。在我们离开之前让我们把刚才所讨论的内容加到我们的图里面去。

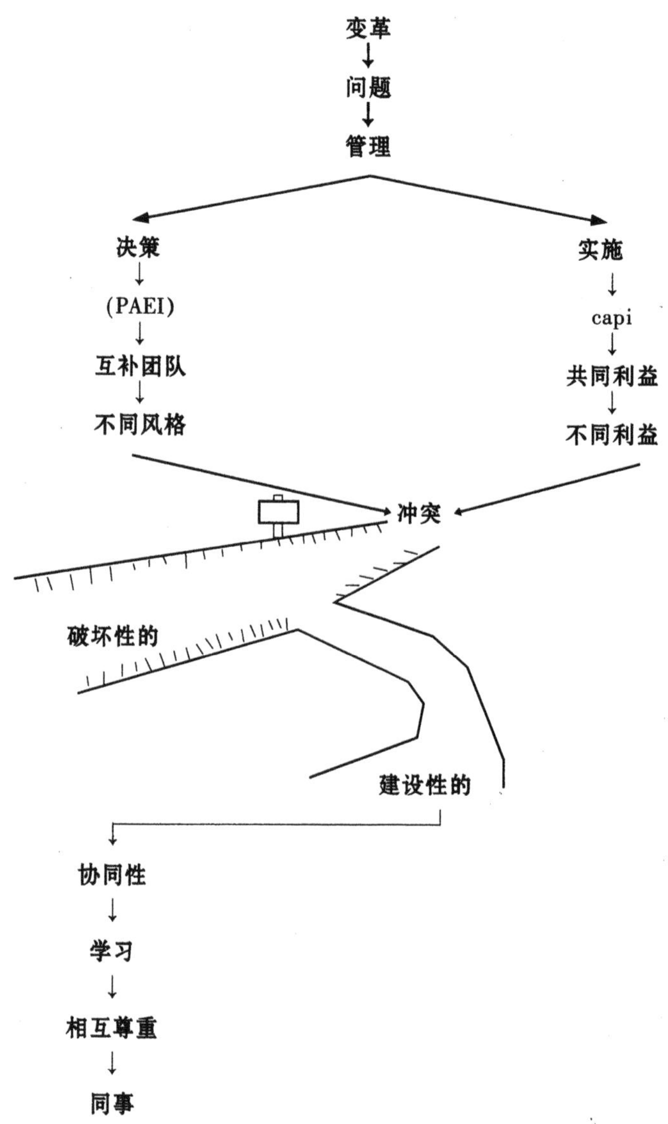
变革
问题
管理
决策
(PAEI)
互补团队
不同风格
实施
capi
共同利益
不同利益
冲突
破坏性的
建设性的
协同性
学习
相互尊重
同事

谈话 9

靠什么驱动

为了确保咱们彼此理解了对方，你是不是把迄今为止我们讨论过的内容总结一下?

到目前为止我们已经谈了：要管理任何事物，无论它是我们的个人生活、家庭生活，还是企业、社会，我们都必须制定好的决策，并用最少的能量和资源加以实施。这就是我们处理变革的方式——而且变革是无可避免的。所以，我们管理得好坏取决于所制定的决策的好坏以及实施决策的效率。

我们已经发现，好的决策要求有四大要素，你把它们称作“角色”。它们是P角色，用以实现所需的服务；A角色，用以对所提供的服务进行行政管理；E角色，即创新，用以对变化的未来定位；以及I角色，用以整合企业。这些角色是企业在短期及长期保持效益与效率时所不可或缺的。

由于没有哪一个个体能成为完美的PAEI，所以我们需要一个互补的团队。然而，在互补的团队中，必然存在着冲突。

为了使冲突具有建设性，我们需要向彼此的不同观点学习。要使这种情况出现，我们必须彼此尊重。

要预测一项决策是好是坏，我们必须检查它是否是由一个互补的团队在相互尊重的情况下，经过努力制定出来的。

要实施决策，我们需要 capi，即结合起来的职权、权力和影响。我们需要建立一个由实施这项决策所必需的不同人员组成的不同利益的联盟。在自我利益的驱使下，实施总是更快一些。

这会涉及到什么人呢?首先，是那些具有批准此项决策的合法职权的人。其次，是在这一领域实施决策，具有决定合作与否的权力的人。第三，是那些具有影响力的人，他们具有与决策相关的技术和专业知识。由于他们也有自我利益，他们的信息会有所偏差，因此必须把那些拥有职权和权力的人的偏差结成一线。如果想使决策实施得有成效，我们就需要创造出共同利益。

错误在于管理理论的研究方式。很多不同的人的最佳个性被选来创造了一个模范，但这样一个模范实际上只是一幅不存在也不可能存在的想像中的拼贴画。我们都是既有优点又有弱点的人，没有谁是完美无缺的。

另外一个原因在于，管理理论最初是在美国发展起来的，那里的文化就是个人主义的。他们自然而然地把整个管理过程人格化到某个个体身上，这个个体就被称为“管理者”或“领导者”。

但美国同时也鼓励创新精神，一种对这个国家和个人都相当有益的个体活动。

是的，但这是对创办一家公司而言，并不是对保持企业年轻和成长而言。要做到后者，你需要一种像日本那样可以培养人的制度。日本人跟中国人不一样，他们不以个人的创业精神闻名于世，评价他们要看其合作创业的制度所获得的成功。

那么，完美的 PAEI 管理者是不存在的了?

是的。想要培养一位这样的人物是很危险的。

您是指那些认为自己无所不知的商学院的毕业生吗?

如果他们在一家著名的学府获得了全“A”的成绩，这种人会相当危险。他们有可能认为自己是不会犯错的。他们有可能很自负，难以沟通，非常难以共事。我了解几个这样的人。为了制定出好的决策，他们不会去请求那些能帮助其决策的人，因为他们没有受过这种训练。他们也没受过把具有不同利益的人团结起来的训练，尽管他们需要这些人的合作以实施决策。实施过程同时也是冲突之源，我们需要对此也作出检验。

我们已经说过，要有效地实施决策，就需要建立职权、权力和影响之间的利益共同体，一种大家都赢的环境。但这说起来容易做起来难。人们都有不同的利益，大家都赢的环境这个主意是不错，但你能创造几个持久的大家都赢的环境?在家庭中，大家都赢的情况也不会总是出现。那它怎么就会在人情味不那么浓的企业出现呢?

那我们该怎么办?利益冲突意味着我的需求与你的需求有所不同。对你而言仅仅是做点贡献的事，对我而言则可能是做出整个牺牲。我不可能去做主要是符合你的利益的事。

冲突就是这样产生破坏性的。那些具有决策职权的人很可能被那些有权力的人中伤。他们只要不去正确地实施决策，就能把一项决策搞得一塌糊涂，他们可以声称自己当初未能理解。他们可能会为保护自己的利益而暗中破坏决策。同样地，那些拥有职权的人也会以拥有权力的人的利益为代价，制定明显符合自身利益的决策。无论何时，只要在实施决策所需的人之间存在不同的利益，寻求实施的政治过程就可能是漫长而代价高昂的。它所需要的管理能量太多。

所以，实际上存在着两个冲突之源。其一是缺乏沟通，因为我们所说的PAEI语言不同。其二是利益分歧，这会导致缺乏合作。

是的，我们既不能互相理解，又不能共享利益。

我们解决了由于决策制定风格不同产生的冲突问题。当相互尊重创造出一种学习的环境时，这些不同是能够协同的。但我们与利益有分歧者共事时，如何才能使冲突具有建设性呢？

首先，接受现实，而不是与其对抗。只有这样你才能化解冲突。注意，我是说你必须化解冲突，而不是解决冲突。解决冲突意味着与之抗争，不要试图与之抗争，不要试图消除冲突，而要使之发挥作用，使之为你服务。

但您自己已经说了，要有一个让大家都赢的环境从来都是不现实的。

是的。实施所涉及的人都会认识到，大家都赢的环境短期之内是不会出现的。但你却有可能使他们明白，长期之中这种环境有可能存在。这种长期信念是许多婚姻成功的基础。一旦有了这种长期的承诺，夫妻中的一方就会在今天让步，而另一方则会在下一次让步，过了一段时间后自会公平。

您的意思是必须从承诺开始？

完全正确。不要提“如果怎么怎么样”，“而且怎么怎么样”，或“但是怎么怎么样”。

这听起来仍然不太现实。如果让我作出让步去克服短期的利益冲突，那我必须相信赢的一方将来会有所回报，我必须相信我的短期的牺牲将对我的长期利益有利。如果我不信任与我有利益冲突的人，我为什么应该相信他们过了很长时间后会合作呢?如果我不相信他们以后会合作，我现在为什么要合作呢?

显而易见，除非你相信会有所回报，否则你是不会作出任何让步的。因此要实施决策，仅有相互尊重是不够的。我们还必须具有……

相互信任。

这就对了。要想实施，我们需要某种相互信任基础上的共同利益。我们必须相信，过了一段较长的时间之后，双方都会获得好处。只有这样，我们才会不顾短期的利益冲突而愿在短期之内合作。

等一等。我想我能够预测信封中的决策能否得以实施了。

请吧……

首先，我应该问：“要实施需要谁?我们能把capi所需的人聚在一起吗?”

接下来呢?

“他们是否彼此信任?”

是的，这是友谊与爱的结果。

友谊与爱?这听起来太容易了。

我同意。这两个词都被用滥了，所以它们要么是有太多的含义，要么是没有任何含义。让我首先来说说爱。我所说的爱不是指感情或性，我所谈的爱是父母对孩子的同情。

看一看人体，它是由神经系统统一整合起来的。如果我的指头破了，我可能会哭，但是，破的是指头，我的眼睛为什么会流泪呢?因为指头和眼睛是整体的一部分，我的整个身体会因为这些彼此相属的部分而疼痛。存在着一种整体性，一种相互之间的依赖性。

现在假定我儿子的指头破了。我会难受吗?对了，我很难受。但那不是我的指头，我为什么会难受呢?因为我同情自己的儿子。

这就是您所说的“爱”这个词的含义吗?

爱意味着彼此相属，它不一定是具体的，它更多的含义与归属感或相互关心有关，这样，发生在你所爱的人身上的事就觉得是发生在你自己身上一样。

我是西班牙和葡萄牙的犹太后裔，我跟我的父母讲的是15世纪的西班牙语。在我很小的时候，一旦我伤到了自己，我的母亲就会说：“Yo para ti.”这句话的意思是“我支持你”。她是在说：“我希望我处在你的位置上。”当时我并不理解，但现在我有了自己的孩子，我理解了。如果有什么不好的事发生在我孩子身上，我希望自己能替代他们的位置。这样还好受一点。

这很有意思，但这与友谊有什么关系呢?

在古希腊，“爱”和“朋友”是同一个词根。这对我有所启发。

朋友是你所爱的人，是你如此关心的一个人，以致发生在这个人身上的事也像发生在你身上一样。

那么，朋友就是某个你所爱的人。仅此而已吗?

朋友是你所信赖的人。你可以背对着一个朋友，他不会刺伤你。如果他这样做了，他实际上是在刺谁?他自己!因为你们在感情上彼此相属，伤一个人就伤了另一个人。这就是友谊的全部含义。“我为人人，人人为我!”在你们之间存在一种共生关系，你们共同的损益取决于你们彼此做些什么。

但这些内容如何与管理联系起来呢?

如果你想高效地实施决策，你就必须确保实施决策所需的这些人具有共同利益，就必然就存在一种大家都赢的环境，一种爱朋友一样相互同情的共生关系。

但那是不现实的，至少在短期之内如此。现实是利益的冲突，即便是朋友也时不时地存在利益的冲突。

对的。如果你们想要一种共生、友好和大家都赢的环境，你们必须具备相互信任。

把潜在的破坏性冲突转化为建设性冲突的方法是创造出一种培养共生的环境。共生意味着各方觉得所提出的变革最终是为所有相关的人的利益服务的。

如果存在相互信任，你和我就会感受到变革的相互益处，从而允许它发生。没有相互信任，将会产生许多抵触。最高层次的共生关系就是爱。

您能给出“爱”的定义吗?您用这个词用得太多了，我开始有点糊涂了……

就彼此受益的双方关系而言，一方必须给予，另一方必须回报。那些存在相互信任的地方，这种交换的时间间隔可能比不存在相互信任的地方长。在爱的关系中，给予与得到回报之间不存在间隔时间，给予即得到。得到的好处就在于给予。当你带自己的孩子去看马戏时，你是因为相信他们在你年老体弱时有所回报才带他们去的吗?还是你这样做是因为看他们打闹、嘻笑、拍手、高兴时你得到乐趣?爱即当你给予的时候就是获得的时候，爱是当你不在乎为你所爱的人做什么的时候，当你给予时你因给予而更丰富，你给予的越多你越丰富。真正拥有这种爱的是那些全部给予的人：佛陀、摩西、耶稣基督……

还有特蕾萨修女(Mother Teresa)吧?

或者是帮助艾滋病患者的志愿者，或是帮助无家可归者的志愿者，或是勤劳的工人，或是负责任的管理人员。他们都是给予者，他们给予的越多，他们与其灵魂的创造者就越近，他们都共同拥有人类最伟大的给予者——我们的上帝，无论我们是犹太人、印度人，还是再生的基督徒，对我们而言都是同一个上帝。我们都有给予的潜力，我们都是按上帝的形象被创造的。通过准允，我们去爱、去给予，而最终的信任是信任宇宙、上帝、道，一种更高层次的意识。当我们像父母因爱孩子而带他们去马戏团一样去爱时，出于丰富我们自己的目的而给予他人就会发生。没有爱，我们坐在马戏团里也会很难受，因为办公室里还有没干完的工作。当我们看着孩子拍着小手，为一些我们认为毫无意义的事欢呼时，我们会很难过。没有爱，我们需要不停地索取。索取得越多，觉得自己越贫穷；我们越觉得自己贫穷，就越是感到悲哀，因为索取是没有尽头的。

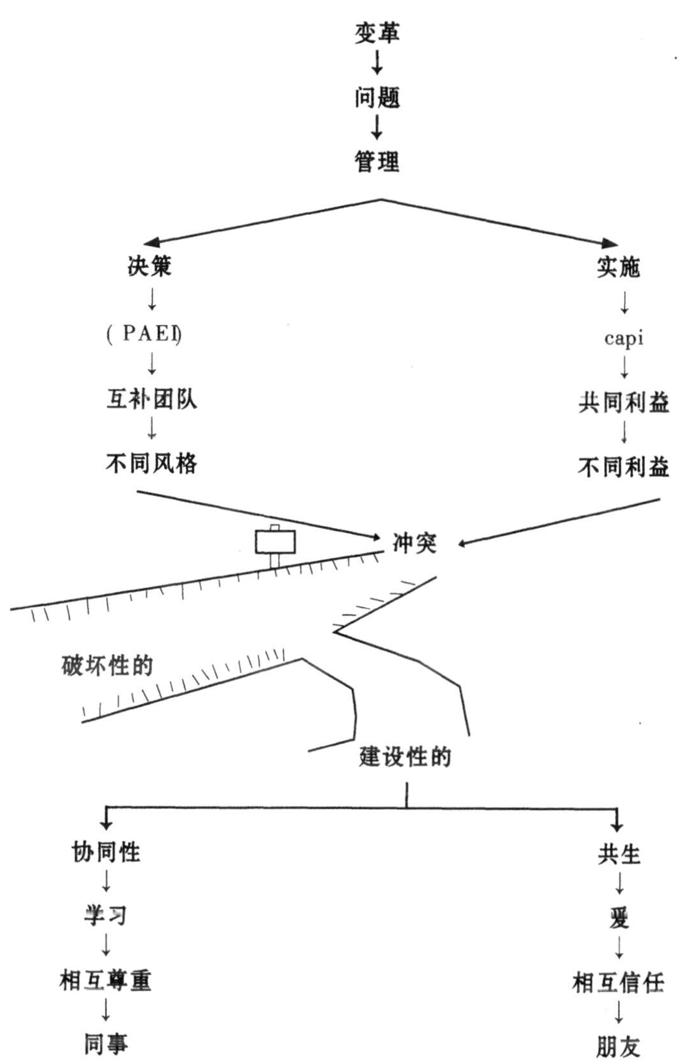
变革
问题
管理
决策
(PAEI)
互补团队
不同风格
实施
capi
共同利益
不同利益
冲突
破坏性的
建设性的
协同性
学习
相互尊重
同事
共生
爱
相互信任
朋友

把一家企业交给一名管理者时，他必须创造并培养大家都赢的气氛，一种基于相互信任基础上的共生环境。在创造这种环境方面，领导、父母及管理者都有一个共同的目的。培养并把爱给予他人是一种生活方式，通过这种方式可以滋养企业的精神内核。如上图所示。

现在把它整理一下。

冲突是变革的副产品。它可能是破坏性的，也可能是建设性的，这取决于相互尊重和信任是否存在。需要相互尊重是为了使冲突具有建设性，使我们能对彼此的差异进行学习并制定出更好的决策。需要相互信任是为了让我们能觉得将来存在一种大家都赢的气氛。这样相关的人在实施决策时才会合作。上述一切出现之后，我们便有了建设性而不是破坏性的冲突。

哪一个更重要，是信任还是尊重?

想一想。你能信任一个你不尊重的人吗?

我能。他们也许没有我所期望的那样聪明，但我也知道他们不会有意识地伤害我。

你能尊重你不信任的人吗?

那就非常困难了。如果我不信任这个人，那我可能连听都不会听他的。

的确如此。信任必须在尊重建立之前建立。

对社会而言也是如此，是不是?如果不能保持统一，前苏联就不可能存在民主过程。当然，他们保持统一不是不顾其差异，而是因为其差异。他们必须相信，就长期而言，保持联盟比独立要好。信任必须在尊重之前进行。经济结构的变革必须在完全的政治自由获准之前进行。

是这样。如果他们不把自我利益转变为共同利益，政治自由也许会被用来表达不同的自我利益，前苏联就有可能解体。

在婚姻中也是一样，没有信任之前就不会存在什么尊重。这就是我们通常说“信任与尊重”而不是“尊重与信任”的原因。很有意思的是，我注意到人们在怎样用词上不存在碰巧的事。俗语中总是充满了智慧!

有一位犹太老师曾经说：“Kabdehu ve hashdehu.”这句话的意思是“尊重并怀疑”。尊重所有的人，但要小心其自我利益。他们有表达意见的权利，但要检查其动机。从合法性上对他们有利的东西可能不利于你。要以一种尊重的态度怀疑。

你总结之后，我理解了迄今为止我们所讨论的内容。但我还是搞不太明白，主要是你如何用相互尊重和信任来管理一个企业。大多数人都不是这样管理的，所以您的理论只适用于少数企业，这些企业中信任与尊重是其文化的完整组成部分。

我并未停留在理论上，我已经设计了一套改变企业的程序，以便产生他们所需的信任与尊重。光靠空谈是什么也不会发生的，它需要承诺和艰苦的工作。而在你发展成了这样一个企业之后，如果你不能持续重复培养有益企业文化的程序，这种信任与尊重也不会持续多久。除非你注入能量，否则任何一个系统都会趋于单[illegible]。

您怎样创造一个这样的企业呢?您怎么才能把一个没有相互尊重和信任的企业转化成为两者都具备的企业?

这需要变革企业结构，或决策制定程序，或人们的态度，或是人自身。

为什么要改变结构，您举个例子。

环境决定行为。企业的结构部分决定着企业的行为，企业的结构决定着责任、职权以及奖励的分配方式。这种分配又决定着自我利益的差异。同时，不同的工作也吸引着不同类型的人。

你需要的结构会准许管理者为其风格准备一个空间，在这个环境中他们得以繁荣兴隆。例如，P 型的工作会吸引具有 P 型风格的人。

但是，光有结构还不够。由于人们有不同的风格，所以他们必须学习如何彼此沟通。正确的参与式决策制定过程是很必要的。为了创造一个相互信任与尊重的环境，我们需要修正结构与决策制定程序。

但有时候，甚至变革企业环境也不够。有些人扛在肩上的是些毫无价值的东西，他们既不听从命令也没有尊重或信任。他们在进企业之前就有一种不信任、不尊重的态度，所以改变环境对他们的风格与态度没有什么立竿见影的效果。

如果你想改变一个企业的行为，你就必须对其结构、决策制定程序以及人员本身进行治疗。

按照什么顺序呢?

从程序开始。先变革人们的决策方式，然后用新的程序去变革责任的分配，变革职责、权力与影响，以及奖励制度，这会使你深化对程序的变革，这也将促使你对结构进行进一步的重新组合。

随着你不断地变革结构与程序，人们的风格也会改变，他们的行为将发生变化。那些不能改变的人可能会离开企业。

这听起来要么是太简单，要么就太复杂。

它既不简单也不复杂。这不是一个利用信任与尊重的过程，相反，它形成了一个创造并培养尊重与信任的系统。

宣扬信任与尊重的咨询专家很多，但他们却不知道如何去创造它。他们燃起了希望，如果未能满足，则会使人们对管理理论与咨询者产生怀疑。人们指责商学院脱离实际，咨询业被认为是第二古老的职业，这一点儿也不值得大惊小怪。

许多年来，我都在对饱受不信任和不尊重之苦的企业文化进行实验，所形成的这套方法可以把这种文化变革为受信任与尊重主宰的企业文化。它要求形成正确的结构、程序及培养正确的人选。

人们在试图变革企业文化时，常常会犯一个关键性的错误。他们忽略了结构和程序，把注意力全都放在了人身上。如果不存在配合，他们就解雇这个人，代之以他们以为具备了尊重和信任的人。但这不一定能起到作用。

由于错误的结构和程序，即便是原本品行端正的人也开始以一种破坏性和不尊重的态度行事。环境会造成人们改变其行为，不管他们的品行有多端正。

这次谈话内容很丰富，但也有点累人。我们明天还继续吗？我吞下去的精神食粮够我消化一阵子了。您甚至已经让我想着该跑到教堂去祈祷了。

当你祈祷的时候，你就接受了自己的弱点。你接受了自己是一个更大的意识体系的组成部分，你的行为因你的归属而有意义，当整体影响你的时候，你也在影响整体。这种祷告可能是读《圣经》中的一章或一节，但不一定只是《圣经》或祷告书。

不要把你的祷告 A 化，可使之 I 化。你可以在吹口哨、沉思、呼吸或实践你的爱时作祈祷，只要是你觉得与你所属的整体整合就行。

谈话 10

相互信任、尊重与人的素质

您能把咱们谈过的内容总结一下吗?

可以，不过最好还是咱们一起来做。为了管理，我们需要决策并实施。总是靠一个人来制定好的决策是不可能的。我们需要征求他人的意见，需要由具有不同观点的人组成的互补团队。自然，这会产生冲突。

但通过创造出一种相互尊重的气氛，可以使冲突发挥作用，这样我们便可以彼此学习了。我们创造了一群志同道合者。

我们总是在找具备互补性的人。我所谈的并不是什么新东西。《旧约》说，完美的夫妇是“ezer kenegtd”，这句希伯莱语的意思“有益的对抗”。拉比们对这个短语的含义争议很大。如果他(或她)跟你对抗，这对夫妇怎么可能是有帮助的、有益的呢?我对此的解释是，一对夫妇这样做之所以是有益的，是因为他或她站在与配偶对立的观点上，这样就能预知决策中的问题，从而丰富解决方案及彼此的关系。

我们要找的是能够指出我们的缺点从而完善我们的观点的人。通过合作性的批评，我们的观点会变得更有力。

如果存在相互尊重，确能如此。

的确，冲突不会破坏一桩婚姻。冲突是预料之中的，因为我们所爱的、所结合的是与我们不同的人。破坏婚姻的不是我们所争斗的内容，而是我们争斗的方式。

在耶鲁大学进行的一项研究挑选了一群夫妇进行多年的跟踪，其目的是找出预测家庭稳定的性格特征。他们所发现的内容很有意思，没有任何性格特征能预测谁的婚姻会稳定。相反，他们发现能预测婚姻是否存在下去的不是性格的差异，而是夫妇间如何处理这种差异。我认为，是相互尊重因素决定着差异的处理方式。

婚姻顾问也提出了一些很有意思的报告：人们离婚的理由恰恰就是他们结婚的理由。

我们是被差异所吸引，而不是被相似点所吸引。由于我们知道自己就个人而言并不完美，所以我们所选择的配偶常常是在我们的弱项方面比较强的人。在结婚之前，这是很不错的，但随后会发生什么情况呢?以前那么吸引你的差异之处后来变成了困难之源。那些不能处理这些差异的人以离婚告终，或备受其苦。恰恰是两个人结婚的原因成了他们希望离异的原因：差异先吸引了他们，接着又排斥了他们。他们的风格不同，一个是慢性子，另一个是急性子；一个善于表达，一个比较木讷。另外一个冲突根源，尤其是在现代家庭里，是由夫妇双方都工作带来的。对一方有利的事情有可能会伤害另一方的利益。夫妻双方不该梦想没有任何冲突的乌托邦式的婚姻。冲突在期望之中，然后学会去利用它，而不是回避它，或为之而垂头丧气。

但冲突也有可能是建设性的。

当然了。例如，在某些婚姻中，冲突就是一种密切关系的源泉，争斗之后性生活会更和谐。冲突之后，夫妇俩会比从前更亲密，他们越来越接近了。别的夫妇打来争去则变得越来越隔膜。差别在哪里？不在于冲突的内容，而在于他们处理冲突的方式。

你可能曾经跟你的配偶或什么亲近的人争吵过。几年之后，你记不得争吵内容的细节了，但你永远不会忘记当初是怎么争吵的。一想起这件事，你嘴里仍然会有一股苦涩的味道。让你耿耿于怀的是你还能不能信任或尊重这个人。决定冲突具有建设性还是破坏性的是相互信任与尊重。我建议你：不论什么时候，当你不同意某人时，千万小心你发表不同意见的方式，不要去注意你所不同意的内容。

我必须不顾人们在风格与判断标准上的差异而尊重他们。

而且要形成一套不顾利益冲突而培养相互信任的体系。

同事之间能很好地交流，而且他们还是朋友，能够互相合作，在这样的企业中是能取得管理佳绩的。他们彼此之间具有相互信任与尊重，所以他们同时具备了协同和共生的关系。

我现在能够看到成功大厦上树立着的旗子了：

合作、沟通、互相信任与尊重——通过协作取得管理佳绩

不错！

但我们怎么才能知道是否具备了沟通、合作、尊重和信任呢？

从体态语言中你就能看到这一点。当决策是在相互尊重的气氛中制定时，人们彼此求助。他们聚在一起共同制定决策，他们能彼此面对。一旦同意了一项决策，如果还彼此信任，在决策实施时他们便能够彼此背对着背。

在一个没有相互尊重和信任的环境中，体态语言恰好相反。因为人们彼此不尊重对方的意见，所以在决策制定期间他们最有可能是彼此背对着背。当他们开始实施决策时，由于他们彼此不信任，他们将会面对着面，彼此提防。

告诉我在决策制定与实施期间你面对的是哪种方式，我就能判定你的企业管理得如何。

存不存在另一种辨别企业管理好坏的方法?

存在。共同制定决策比单个人制定决策要花更多的时间。在靠相互尊重管理的企业中，制定决策要用很长的时间，因为是大家共同制定，但实施起来很快。在完成所分派的任务时大家彼此信任，他们不会去做那种对别人指手画脚的事。在管理得不好的企业中，不存在信任与尊重，人们制定决策很快，因为他们是靠个人来制定决策的。但实施要耗费相当长的时间，因为总有人指手画脚，不断地出些马后炮主意。管理良好的企业是按照“先慢后快”的方式来管理，而管理不好的企业用的是“先快后慢”的方法。

这有助于我理解与美国方式相对的日本管理方式。在美国，决策制定得很快但实施起来很慢。在日本，制定决策要花很长时间，但实施得快。

日本人取得成功而且行动迅速，是因为大家一起慢慢地制定决策。一位德国经理曾问我：“日本人在发明方面怎么这么快呢?我们的研究与开发预算跟他们完全一样呀!”我回答说：“他们更快，是因为他们的慢。”他以为我是想开玩笑。

日本人身体力行着多种多样的相互尊重。日本文化的特征之一便是丢面子是很羞辱的事，一个人有可能因此而被迫剖腹自杀。使别人丢面子甚至更为糟糕。

相互信任呢？

日本企业对员工做出了长期承诺，而且希望员工也做出同样的承诺作为回报。这种相互承诺创造出了一种相互信任的气氛。正是这种信任培养了大家都赢的气氛，并且鼓励合作。

不幸的是，在美国却不总是这样。有时候管理者先考虑自己，管理人员运用特权保护了自身，却把工人给解雇了。接下来美国人反倒对工会与管理方不那么合作而感到惊讶。问题是，他们为什么就该合作？

如果双方都能形成相互信任与尊重，那将会对双方都有利。你信任的时候，你就会关心；你关心的时候，你就能听得进去；你听得进去时，你就会学习。最后的结果便是一种协同共生的关系。

有些关系只有协同而无共生。民主制、资本主义、市场经济——这些制度是为增长而设计的。它们具有协同性，但却不具共生性，富的会更富而穷的会更穷。相对应地，社会主义试图把利益结合起来——把无产阶级、知识分子和农民的利益结合成一个没有阶级的社会。社会主义者要创造的是一个共生的社会，但这个社会肯定不是协同的。正如英国首相温斯顿·邱吉尔所观察到的："资本主义不平等地分配财富，共产主义平等地分配贫穷。"

那么，我们需要什么？两种制度都要吗？

是的。真正的社会民主制度要同时具备协同性和共生性。换句话说，我们需要的是一个既繁荣增长又能保护共同利益的整体社会。

成功的共同分母

任何体系的成功——无论它是微观还是宏观；无论它是单个的人、一个家庭，还是一个企业、一个社会——都能通过一个而且只能通过一个因素加以预测：外部营销与内部营销的比率。

$$\text{成功}=f\left\{\frac{\text{外部营销}}{\text{内部营销}}\right\}$$

外部营销是企业投在确认并满足顾客需求方面的资源量，内部营销则是要使一件事情在企业发生所需要的管理能量的多少。外部营销是市场分割与产品差异的函数，内部营销则是相互信任与尊重的函数。如果根本不存在或几乎不存在尊重或信任，用在内部营销上的能量将非常大。

由于人的能量在任意一点都是固定的，所以外部营销所能获得的能量取决于在内部营销上耗费了多少能量。如果所有能量都耗在了内部，在外部营销上就不剩什么能量了，因为内部营销发生在先。

如果人们受到低水平自我评价、低水平自我尊重和低水平自我信任的打击，他们会被内部冲突蒙住。他们也许相貌堂堂，精明而富足，然而他们却不能获得成功的关系或职业生涯。绝大多数人把精力都用在了处理由其低水平的自尊与自信所产生的各种问题上。

您能讲得更详细一点吗?

当人缺乏自尊与自信时，他们的绝大多数能量都被用在了自己身上，他们总是在担心别人如何看待自己。他们想搞清楚自己是什么样的人，该干些什么，很少有精力留下来去处理外界的事情。在他们能够与他人会面发展关系之前，他们必须先发展与自己的关系。他们必须首先学会自尊自信。

发现他人的秘诀在于首先发现自己。我的朋友吉维安曾经说过："如果你不花那么多时间去找千里马,你自己可能已经成了千里马了。"

你也许了解，一些相貌出众的人与异性交往时一点也不成功。与此同时，一些外貌不那么吸引人的人反倒很走俏。这是怎么回事?第一种类型的人没有精力溢出。由于缺乏自信自尊，这些人表现得优柔寡断，而且自我否定。另一类的人对自己确实是自尊自信，他们能把自己的精力都集中到对方身上。他们具有吸引力，是因为他们溢出了精力。爱他人的前提是先爱你自己，但这并不意味着自私。这意味着使意志、身体、感情和灵魂都一致起来，在它们处于冲突状态时能使一个人在这四个方面具有信任和尊重。

尊重你自己的短处和弱点，相信你最终会找到正确的解决方案，这是成功的秘诀。成功不是终点，而是你的旅程的条件。自尊与自信意味着对你自己有信心——这是对别人有信心的前提条件。除非你爱你自己，否则就不存在信心，而爱你自己就意味着要接受你内在的冲突，并把你的意志、身体、感情与灵魂整合为一个整体。正是这种平和与自我接受才使得人具有吸引力，或者说使人显得美好。

处于内在冲突状态的人很紧张,而且把痛苦散布到了自己周围。他们既不是好的伴侣,也不是好的管理者。涂脂抹粉,开着时髦车,或沉迷于其他形式的奢华消费会使他们具有吸引力,但至多也就一小会儿。

教育我们的子女意味着灌输信任与尊重，自信与自重，对身体和感情的尊重，对父母、长辈、老师以及我们所生活的社会的尊重，还有对国旗的尊重。教孩子"生活"比教他们"知道"要重要得多。孩子们所知道的内容常常在转瞬之间就变得过时了，他们是什么样的人则要持续一辈子。

我认为 A 型的人早已占据了教育机构，他们用标准化测试来衡量技能的做法令人生厌。这是一种有效率的教育，但我很怀疑其效果。它不教你怎样做人，而教给你知识。

我同意你的观点，不过让我们继续，看一看下一层次的分析。假定我们已有了自尊自信的人，他们有能量与外界打交道，但其家庭生活却因缺乏自尊自信而一团糟。他们与父母或配偶或孩子之间存在问题。现在他们的精力要用在什么地方?研究表明，离了婚的高层管理人员实际上对企业三年之内不会有什么用处。在这段时间内他们不能取得成功，并不是因为他们客观上不好，而是因为在那一时点从主观上他们把能量用到了别的地方。对他们而言，成功就是用最少的永久性伤痕在这场浩劫中存在下去。在美国，生产率增长非常缓慢的缘由之一，也许还是最主要的缘由，是家庭的破裂。有一件事是确定无疑的：美国低下的生产率不是由缺乏技术或财力资源造成的。

现在来看下一个层次：那些具有自知之明，并且具有一个支持自己、互敬互信的家庭的人。他们所有的精力都可用于事业，但他们所在的企业却不存在相互尊重与信任。同事们因怕遭暗算而背靠着墙走路。营销部门与销售部门打架，生产部门与工程部门打架，会计部门跟每一个人打架。顾客上门的时候，要是有人说：“明天来吧，今天我累了。”会怎么样?

假定一个企业有合理的结构、程序及人员，它培养发展了相互尊重与信任，但是在一个为腐败所困扰的社会中经营，不同信仰及种族间充满仇恨。怎么样?在国际上它能有好的竞争力吗?这个国家的精力会用在哪些地方?如果工会与管理当局对抗，军队与政府对抗，政府与人民对抗，还能剩下多少精力?没有尊重与信任，钱会花到什么地方?会存到瑞士去!这个国家可能有富饶的土地与矿产，但由于其关系崩溃了，所以不可能取得成功。

比较一下日本与瑞士在经济上取得的成功，这两个国家几乎没有自然资源，而某些发展中国家却有着丰富的石油、天然气、钻石和其他资源。由于种族主义和内部冲突，发展中国家不能建设性地运用资源。殖民力量剥削它们，独立之后当地政府的行为却又重蹈复辙。殖民力量给其殖民地带来了他们所缺乏的 A 和 E 的因素。为了控制局势，殖民力量——尤其是英国，常常通过挑拨一种信仰或伦理团体与另一种信仰或伦理团体的对抗来分化殖民地。英国人非常擅长这种分化瓦解的罗马战略。当殖民主义者离开的时候，他们带走了E，留下了庞大的A和破裂的I，因此造成了低水平的P。这就是许多第三世界国家所继承的遗产。

因此殖民主义的悲剧并不在于殖民者所带来的内容，而在于他们留下或强化了的文化与制度——一种等级化、剥削、控制与官僚主义的文化。第三世界国家现在需要把其文化中脆弱的I要素集合起来。首先是和平，穆斯林与印度人之间的和平，安哥拉的和平，南非的和平。只有在I成长起来之后，这些国家才能通过参与式管理建立集体创新精神，就像日本人正在做的那样。随着E的增加，下一步要做的工作是促使政府非官僚化，即减少A，接下来P就会增长。

那么，成功即“你是什么样的人”的函数，而不是“你有什么”的函数。

确是如此。你拥有什么是由你是什么样的人决定的，而你是什么样的人则不由你拥有什么决定。

那么，上述所有问题说明了什么呢?成功源于自身。

许多公司只为战略规划以及如何击败竞争对手操心。他们就像是宇宙一样：边缘在扩张而核心却在崩塌。成功是由内部产生的。如果内部强大，我们就能处理任何外部问题，并且把它视为机遇来对待。如果我们内部软弱，那么每一个外来的机会都让人觉得是个问题。

日本的成功并不是美国问题的核心，而是对美国问题的证明。美国的问题在于美国，而不在于日本。美国的制度不像日本那样具有相互尊重与信任。美国能打败谁?比美国的制度更少相互尊重与信任的社会。的确，我们必须考虑到诸如国家大小、资源多寡等因素，不过只管想像一下，要是这些国家能使其相互尊重与信任资本化的话，它们能多做多少事情。

最近我在约翰内斯堡的一次讲座中提到：“南非正处于一个大的

历史十字路口。它可能成为瑞士，也可能成为非洲的巴尔干，这要取决于它能否形成一种相互尊重与信任的文化。”

因此，改善一家公司、一个国家或一个人的表现的办法不是靠改变其策略，而是靠改变其内部环境，对吗?

对的。一旦你改变了内部环境，正确的策略与方向便会更容易产生。没有这一点，甚至最好的策略在实施时都会遇到很大的困难。

如果真是这样，有些国家就有可能变成强国了。

没错。以以色列为例，以色列人来自 70 个不同的国家，他们在分离了 2000 年之后聚在了一起。这是一个真正的联合国，这种差异造就了巨大的能量。如果这种能量用相互尊重与信任加以引导，以色列就会成为一个强国。

是什么在阻碍它?

以色列人由于历史的原因而被禁止建立自己的国家和从事手工劳动。因此他们无法形成很强的 P 和 A 的特性，而是形成了很强的 E 和 I 的素质。对 E 型的人来说，尊重是一种挑战。E 型的人往往非常自傲，觉得自己比别人懂得多。对 E 型人而言，信任是另一个问题，他们都有很强的偏执倾向。更进一步讲，对犹太人而言，2000 多年来的迫害在大屠杀后达到了顶点，信任是不那么容易产生的。在以色列要提高尊重与信任的水平光靠空谈是不行的。根据犹太人的历史经验，现实点讲，以色列也不可能抓住机会，装扮得就像自己信任这个世界一样。

其他地区有可能成为强大的帝国吗?

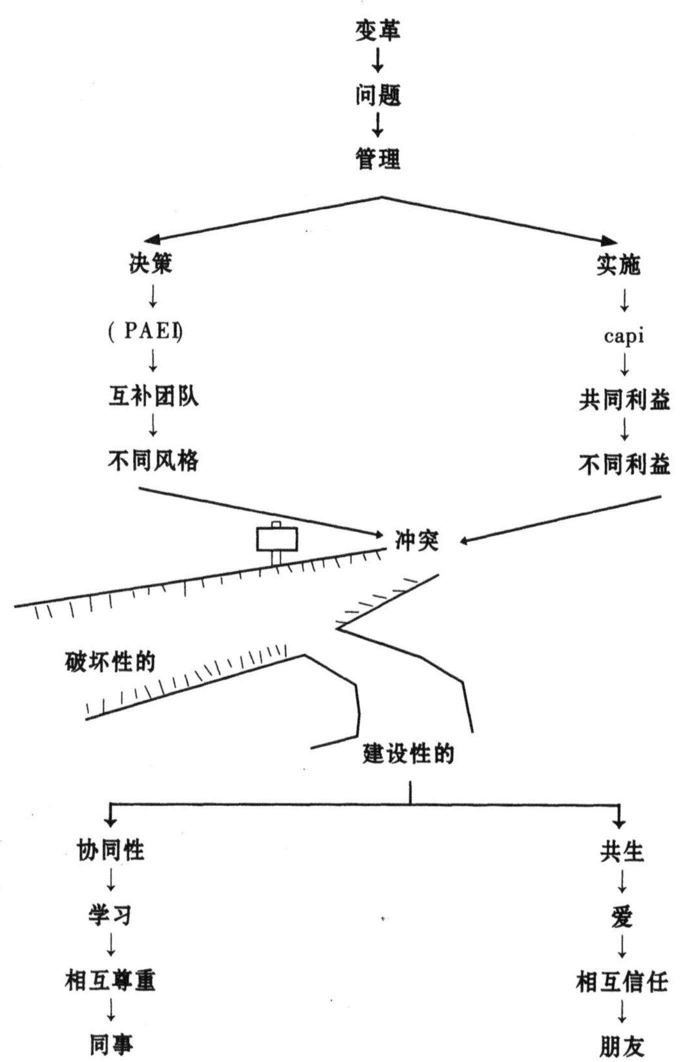
变革
问题
管理
决策
(PAEI)
互补团队
不同风格
实施
capi
共同利益
不同利益
冲突
破坏性的
建设性的
协同性
学习
相互尊重
同事
共生
爱
相互信任
朋友

欧洲在 1992 年之后可能成为一个巨人。由于文化的多样性、市场经济及开放的边界，它将更加富有。如果这一地区能克服互相不尊重、不信任的历史的话，它将成为世界领导权的有力竞争者。果真如此，美国和日本将面临一个强劲的竞争对手。

您的预测模型能否预测哪些国家会取得成功，哪些国家不能?

我想可以。最初，像古埃及这样的强国拥有黄金、粮食及人口一类的丰富资源。埃及人在 P 方面很突出，他们成为了生产者和供给者。

后来，A 成了占据优势的因素，正如在罗马帝国中所见的那样。土耳其帝国是 A 与 I 的混合体，因为它对其他信仰与文化非常宽容。英国殖民主义则是建立在出口 A 的基础之上。

美国推进了创新精神 E 作为成功之源的时代，其他国家纷纷步其后尘，从而有了我们今天所取得的成就。而未来则属于那些精神方面——即 I 方面最强有力的国家。目前，日本正领导着潮流。

很有意思。注意一下我们的表，或者说是图，我注意到了一些您还没有解释的内容。为什么通向破坏性冲突的道路是条笔直的高速路，而通向建设性冲突的路却显得那么弯弯曲曲呢?

通向破坏性冲突的是一条笔直的快车道，这是因为要使冲突具有破坏性，你根本不需要做什么。变革它自身便会具有破坏性，比如，如果你把一台机器扔在那儿不用也不维修，过了一段时间之后，它启动不了了。你可能会抱怨：“我对它没干什么呀。”没错，正是你没干什么，所以它才不能工作了。

我认识的一个人，他的妻子提出跟他离婚。他非常吃惊，简直被其婚姻的破裂击垮了。他说：“我什么也没干呀。”婚姻每天都有得失。时间是变化的，未受关注的变化其本质就是破坏性的。这就是单定律。在这条定律作用下，每个系统都会自然走向混乱，除非有能量加进去。要想使变革具有建设性，你必须为之付出努力。

但为什么会那么曲折呢?

这样一来就只有那些车开得慢而谨慎的人才能看到道路的出口标志。

为什么要慢呢?标志上写着什么?

“相互尊重与信任”。你是否注意到了冲突中的人是如何行事的?他们处于痛苦之中，当他们感到痛苦时会做什么?

他们会“加速”。

没错!他们会在破坏性冲突的道路上狂奔。他们提高了嗓门，话也说得急了，叫着别人的绰号，甚至会从办公室里猛冲而出。发生了什么事?他们忍受不了痛苦。那些放松、不急不躁、能够保持一个冷静头脑的人才有机会解决冲突；至少是能理解冲突，以便他们去处理它。他们就是那些能看清标志并且走上建设性之路的人。

你怎么才能慢下来呢?

环境越严峻，人就越需要放松。我跟世界各地的高层管理人员打过交道，我发现，那些最成功的人是被我称为“鸭式管理者”的人。你看一看鸭子，它浮在水面上，显得逍遥自在，但在水底下它的脚却在拼命划水。同样地，一个好的管理者能够在冲突面前泰然自若。他不会失去自己对于一个问题的头脑或目标，他绝不会用破坏性、不尊重的方式去表达冲突。

您的意思是说，好的管理人员是那种知道如何不动声色地表达不同意见的人?

是这样。“像犹太人一样精明地想问题，像英国人一样彬彬有礼地行事。”或者引用一句来自拉丁语的英语格言：“用和缓的语言表达尖锐的观点。”这不仅适用于管理者，也适用于夫妇、孩子父母以及每一个人。有些人做起来恰恰相反，他们用不愉快的方式表示同意，即便你与他们达成了一致意见，你也不想再重复这样的经历。这种经历太痛苦了。

是的，跟情绪化的人争执是很费劲的。

这在国际关系中也一样。我们如何对待自己的敌人是非常重要的，绝不要对你的敌人表示出无礼。用这种方式你绝不会找到和平，即使是战争也必须用尊重的方式来处理。你必须传达出值得信赖的内容，否则一场战争的结束仅仅是为下一场战争埋下了种子。

1973 年，当以色列在赎罪日战争中向埃及推进得过远时，前国务卿基辛格提交过一个报告。基辛格声称，埃及绝不能被打垮，否则以色列永无宁日。这就像在东方所做的一样，你必须给自己的对手留一条不致丢脸的出路，否则的话下一次你将面对一位更为坚定的敌人。退路意味着你的对手不该丧失尊重与信任，否则的话他们就不得不再干一场以便把它夺回来。

第二次世界大战之后，美国明智地在包括德国在内的欧洲推行了马歇尔计划。美国重建了德国。如果当时不那么做，德国今天就不会成为北约的一员，它就会怀有与第一次世界大战之后同样的憎恨，正是这种憎恨埋下了第二次世界大战的种子。

一个系统必须建立在信任与尊重的基础之上，而且应该控制任何破坏这一基础的企图。以色列高等法院公正地禁止了米尔·卡哈拉的政党，指出其以武力反对阿拉伯的立场是种族主义的。民主社会在禁止那些反对民主制及不尊重民主程序的政党时采取了正确的行动，否则的话，极权主义的政党就会被允许通过民主方式获取权力，随后它们就会规避并放弃准许其获得权力的民主制度，正如纳粹党昔日所为一样，这种情况是不应该允许的。哲学家哈伯特·马库斯精辟地表达了这一思想："对抛弃宽容的制度不存在宽容。"

政治上相互尊重与信任的方法启发了我的思路，但现在我需要把注意力集中到管理上面。请多给我介绍一些使冲突具有建设性的各种各样的人。

要想使冲突具有建设性，我们必须关注的因素之一就是人，我们必须拥有一些能博得并给予信任与尊重的人。现在的问题是：哪种人才能博得并给予信任与尊重?

对于职能部门的人而言(他们与一线管理人员相对，后者必须指挥人)，他们所掌握的知识比他们是什么样的人重要。他们在市场营销、资料处理或会计方面承担着职能性责任。只要他们胜任自己的工作，你可能就能够忍受他们的个人风格。一旦人们变成了一线管理人员 他们是什么样的人就比他们知道些什么更重要了。如果他们不知道什么事情，他们可以聘请自己所需的人，或让职能部门的人提出建议。一位事业非常成功的公司老总曾对我说过："虽然我高中都未毕业，但我却有三个博士学位。"我问他是如何做到的。"很简单，我聘的。"技能易于掌握，你只要聘请优秀的人才就是了，做人要困难得多。

你拿那些不给予别人尊重与信任的人怎么办呢?

把他们推荐给你的竞争对手，这比你的竞争性产品更能打击那些公司。在你的竞争对手中埋下不和的种子，而你周围都是些能够博得并给予信任尊重的人时，胜利自会出现。

只具备这些品质中的一种的人会怎么样?例如，如果他们能博得尊重却不给别人尊重，这样的人会怎么样?

从长期而言，这对那些能够给予尊重却不能博得尊重的人没有好处，甚至在短期也没有好处。如果这个人不值得信任，我才不理会他们懂多少东西呢!他们作为管理者、领导者或父母是不成功的，至少一段时期内如此。

告诉我你赢得并给予了多少尊重，告诉我你是怎样信任并被人信任的，我就能告诉你你是不是一个好的管理者。就此而言，我可以告诉你，你是不是一个好的社会领袖、一个好的父母、一个好的配偶。简而言之，我会告诉你你是一个什么样的人。

所以，成为一位正直的人是管理工作出色的一个部分，对不对?

这是一切问题的根本。一位好的管理者(或父母，或配偶，或政治领导人)的价值不在于他知道什么，而在于他是什么样的人。雇一个合适的人教他知识，比雇一个有知识的人教他做人要容易。

随便翻一些简历，我们会发现写简历的人都是以P和A为导向的。简历中尽是他们所做出的业绩，他们所获得的学位，以及他们所得到的头衔。简历没怎么告诉我们他们是什么样的人。他们受人尊重吗?他们是否以一种能丰富他人的方式发表不同意见?他们知不知道如何发表不同意见?简历也没有告诉我们他们值不值得信任。也许一旦闻到血腥味他们就成了鲨鱼，也许你一背对着他们他们就成了利刃。这些信息都没有在简历上出现，不过照我的判断，这是管理者在聘请一个人之前最需要了解的事情。

您是如何决定应该雇用谁的?

给他以前的雇主打个电话，你就能发现你的申请人是否值得信任并受人尊重。问他们是如何做出贡献，以及如何处理不同意见的。你想要了解的是：他们是哪种人？

获得这样的信息难道不困难吗？

困难。在美国，法律使得这样的信息很难得到。

那么，你该去找谁呢？

去找那些能赢得并给予尊重的人。这种人的第一个特征是其风格具备多方面的能力，也就是说，在其代码上不存在空格。譬如，P－－－不是好的管理者，他们是管理不当者。但大写的P加上小写的aei则是正常的管理者。他们是生产者，他们会是优秀的一线管理人员，但也就仅此而已，除非他们具备灵活性，愿意学习并变革。

代码上不存在空格是很重要的。在互补团队中，人们必须联系起来。代码上有空格的人，同那些擅长失去其功能的人是联系不起来的。同时，不具备多样性的人在变革与成长中也存在着相当的困难。

你需要的是明了自己优缺点的人。在面试求职的人时，第一个要问的问题应该是："你的优点是什么，缺点是什么？"如果这个人说"我没有什么缺点"或"我的缺点即优点"，这样的人就不该雇用。人要是不知道自己的缺点，那他就不知道自己是什么样的人。我怕与这样的人共事，也怕为他们工作。

他们为什么是个问题呢？

要赢得并给予尊重，你必须知道自己是什么样的人。只有了解了自己是什么样的人，你才能确定要建立一个互补的团队，以及你所需要的其他一些风格。

我能够分辨我周围的人的管理风格，但在分辨自己的 PAEI 风格时却存在困难。

这是普遍现象。我的一位朋友，哥伦比亚大学约翰·安德逊管理学院的山姆·卡尔伯特教授说：“了解一个人需要有两个人才成。”没有人能在真空中了解自己，我们通过他人的眼睛来看自己，我们通过自己对他人的影响来了解自己。逻辑上讲，了解他人的管理风格，对他人了解我们的风格是有意义的。他们会对我们的风格作出反应，并与之进行竞争。这正是独行侠易培养跟屁虫、官僚主义者手下都是些唯唯诺诺的人的原因，这也是纵火犯让人变成随声附和者的原因。

所以你要想了解自己是什么样的人，就去看你对别人的影响。对大家对你的反应要敏感，注意你的下属和同事是怎样行事的。

这使我想起了自己的一次经历。许多年以前，我在墨西哥作了一次演讲。我讲英语，同时还有同声翻译。我对翻译有点厌烦了，因为听众对内容的反应要慢一拍，我的演讲是不同步的。于是我问听众是否愿意听我讲 15 世纪的西班牙语，这是一种意大利语、葡萄牙语和西班牙语的混合物。我前面提到过，我在家里讲的是 15 世纪的西班牙语。听众同意了。

对我而言，用一种古代语言讲述 20 世纪的内容是很值得骄傲的事，但我试过之后，一件有趣的事情发生了。听众们对某些词的反应似乎就像他们没听懂我的意思。我用 15 世纪的西班牙语问他们：“你们听见我说的了吗?”他们很迟疑，好像我说的是件很奇怪的事情，于是我用英语问道：“我刚才说的是什么?”有人回答：“你问我们，我们是否感觉到了你。”

我说：“不，我是问‘你们听见我说没有?’”

有人回答：“不对！动词‘听见’在现代西班牙语中是 escucharo，而你用的是 sentiv，这是‘感觉’的意思。”

当时我很受启发。500 年前，听见、感到及听进去这些感受都能用 sentiv 一个词表达，其真正的意思是“感受到”。直至今天，在现代西班牙语中，当某人听觉有困难时，人们会说他（或她）mal de sentido，意思是“感觉有困难”。

500年之后发生了什么情况呢?在西班牙语中，我们现在要用几个不同的词而不是一个词来描述同样的事情。这意味着我们把这一现象区分开了。

它说明有些人能听见却听不进去，有些人听进去了但对你所说的没有感觉。他们能重复你说的每一个字，甚至能提出分析，但他们对你所说的话没有感觉。500年前，“听”只有一个词，它意味着人们对自己所听的东西听见了，听进去了，也感觉到了。它们之间必然有更多的联系。

在芝加哥的一个寒冷的冬天里，我受到了另一次启发。在一次狂风暴雪中，我驾着自己的车子，车外滴水成冰，但车里却春意盎然，所以我把外套都脱了。与滴水成冰的寒冷只有一窗之隔，但我却非常舒服。在现代生活的情感方面，也存在同样的现象。

技术把我们训练得与世隔绝了，我们把自己装在了套子里。在套子之外，人类从情感上讲是四分五裂的，但我们待在自己的空间里，对他们漠不关心。我们学会了如何把“感觉”与“听到”、“听进去”区分开来。想一想“关掉”这种表达方式，我们对待人就像对待我们不想听的广播电台一样。

对有些人而言，实现由听到到听进去到感觉到的转变要用很长时间。我下班回家后，我的狗立刻就能感觉到我的感受。我只要一进门，它就会扑到我身上；要是我不高兴，它会回到自己的角落，缩成一团，静静地等。从另一方面讲，把我的感受传递给我所认识的人不知要花多少时间。等到这个人听见、听进去、再感觉到时，我会更为难受的。

我们总结一下。对于优秀的管理工作者而言，我们需要相互信任与尊重，这就是说，好的管理者是那些能赢得并给予尊重的人。他们是哪一类人呢?首先，他们的风格是多方面的。他们并非擅长一切，但却能充分地行使所有角色。他们有优点，也有缺点，但在其 PAEI

代码中没有空格。

其次，好的管理者了解自己。了解自己的方式之一就是注意你对别人做了什么。你知道别人对你是如何反映的吗?这将告诉你，你是一个什么样的人。好的管理者听到了，而且能听进去，能感受到。他们并不是只听而听不进去，或是听进去了却感受不到。对于自己对别人的影响他们很敏感，他们有意识，而且很机警。

不了解自己的人一般是那种自认为非常清楚自己是什么样的人的人。他们生活在真空中，他们不允许外界有所反馈。

优秀的管理人员接受自己的优点与缺点，因为接受他人缺点的首要条件就是接受自己的缺点。如果你连自己都不能接受，你怎么能接受别人呢?

我听明白了。相互信任与尊重必须从自我尊重与自我信任开始，这些品质是由内向外成长的，要想取得好的管理成效，首先得目光向内。还有别的吗?

好的管理人员能够分辨自己本身缺乏而别人具备的优点，尽管这一点非常困难。E 型风格很强的人能够分辨其他 E 型风格很强的人，但他们却不知道如何分辨评价 A 型风格的人的优点，他们不清楚该用什么标准。事实上，他们甚至不喜欢 A 型的人。

这也是好的管理者具有多种风格的原因。他们言行一致，对自己有一个客观的看法，接受自己的缺点，而且能够分辨别人在他们自己所不擅长的领域中所具备的优势。更进一步，他们能接受某些方面比自己强的人，因为他们承认自己不是样样都行。他们能够处理源自于这种差异的冲突，在不同意见的威胁面前泰然处之。他们能听，而且能听进去，并感受得到。实质上，他们能创造一种学习的环境。

您所说的是心态平衡且自我实现的那种人。您能把他们所具有的品质列出来吗?

没问题。优秀的管理者是这样一种人：

1. 具有多方面且灵活的风格
2. 知道自己是什么样的人
3. 了解自己对他人的影响
4. 对自己有一个客观的评价
5. 接受自身的缺点
6. 能够分辨他人的优点
7. 接受与己不同的人
8. 能够利用冲突
9. 创造一个学习的环境

简而言之，他们是成熟的人。

是的，成熟造就优秀的管理者。成熟来自于经验，而经验则来自于做出了坏的判断后从中学习。成熟的过程伴随着痛苦，它涉及丧失你过去的依靠并为未来的依靠创造空间。不是每个人都知道如何放开这些依靠。赢得容易，丧失难。如果一位管理人员能够在丧失之后成为胜利者，那他就是一位优秀的管理者。通往天堂的路是经历地狱的。

那么，您反对让年轻的商学院毕业生从管理金字塔顶端起步的快车道做法了？

非常反对。他们被推到高层常常是根据他们所懂的内容，而不是根据他们是什么样的人。他们不具备教会他们成熟与人性的经历。好的管理者了解自己的弱点，知道寻求他人的辅助，他们学会了要夹着尾巴做人。

对好的管理者（或配偶或领导）而言，重要的不是他们知道什么，而是他们是什么样的人。西班牙语中，“知道”有三种层次：

(1) 你可以知道信息；(2) 你可以知道如何做一件事情；(3) 你可以知道怎样做人。一个团队的领导，尤其是管理者，如果想赢得并给予尊重与信任，就必须知道如何做人。在现代社会中，我们过于强调对信息的掌握，对如何做事的掌握，而几乎忽略了至关重要的对如何做人的掌握。让人真正担心的是，所谓的发达国家在经济上发达的同时在精神上是不发达的，是不是一种层次的发达压迫了另一层次的发达？由于所谓的不发达国家从精神上有一种强烈的在经济上赶上去的愿望，他们经济进步的最终结果便有可能是精神上的倒退。他们也许会牺牲"人生"去获取"知识"，但我不敢断定这就是真正的收获。因此，发展中国家面临的挑战之一就是如何在经济发展的同时不丧失其传统的强烈的家庭统一。

您赞不赞同发展中国家进口电视电影中所描述的美国文化？您赞同伊朗认为美国是魔鬼的主张吗？您持什么意见？

我显然不同意所谓魔鬼的指责，而且我认为你不能阻止一种文化融入另一种文化。正如马歇尔·麦克拉罕所预测的，世界不是在变成地球村，它已经是一个地球村了。但我们应该警醒。美国以其自由、民主及创新制度为世界做出了不少好的榜样，与此同时，如果用放纵的态度去仿效其拜物主义的话，那在精神方面是很危险的。

咱们是不是休息一下？我需要时间去思考所有上述内容。

好的，再会。

谈话 11

缺乏沟通

我们讨论了人的因素。为什么我们需要成熟的人作为团队成员，这是我们上一次谈话的内容。程序因素我们还没有讨论。

咱们从头开始吧。要想把任何事情管理好，都必须制定好的决策，并用尽可能少的内部营销能量加以实施。如果没管理好，那么我们不是做出了不好的决策，就是要用比正常情况更长、更痛苦或更昂贵的方式去实施决策。

我们同时也说到，制定好的决策需要互补的团队。团队的每一位成员都是同事，团队成员不仅要尊重不同意见，还要从中学习。他（或她）的风格可以平衡其他人本来偏差的判断，这对其他人应该是一种完善。

所以要制定好的决策，就需要有一个成员具有不同风格的互补团队。这会产生冲突，也可能产生沟通不足，即便团队的每个成员成熟而且有能力处理冲突也是一样。

我们已经概括了人们沟通不够的一些原因。我把它们小结一下，然后我们再进行下面的内容，随后我们将讨论如何处理由于风格差异所引起的缺乏沟通。

我们已经确定了，人们风格的差异之一表现在他们赞同或不赞同别人的时候。如果有创新精神的 E 型人不同意某种主张，他们总是形于声色。即使他们赞同，他们也会表现出来。

是不是正因为如此，我们才搞不清楚他们到底是赞同还是不赞同?他们说起话来太激动了，好像他不同意你似的。

这可能会让人难受。既然他们提高了嗓门，我们可能会觉得不得不同意他们的意见，好像他们仅仅想为争论而争论一样。

E 型的人凑在一起的时候，好像他们彼此都不赞同，实际上他们却是在加强彼此的观点，原因正在于此。A 型的人呢?

A 型的人有不同意见时，他们是很冷静的。他们只是看着你，沉下头，一动不动。这有可能造成难以沟通，因为 E 型的人把沉默理解为赞同，而 A 型的人实际上是不赞同。

我们还谈到了“是”与“不”的含义，这要取决于由谁来说。对有创新精神的 E 型人而言，“是”意味着也许。说“不”的时候，他们是肯定的，这与 A 型人正好相反。当 A 型的管理人员说“不”的时候，只是意味着也许，你还可以回过头去说服他们。当他们说“是”的时候，他们的决心则已经定了。

我与澳大利亚的一位老总打交道时看到了这种情况。他是我曾经打过交道的最有 E 型特征的人之一。在跟他的主管生产的副总经理谈话时，他问：“我们为什么没在布里斯巴乐建一个制造厂?我的意思是说，建一个怎么样，伙计?”他的副总经理问：“我们应该建一个吗?”

这位老总说："当然，为什么不呢?"于是这位具有 PAei 风格的副总如我们所预料的那样，开始计划建这么一个企业。两个月过后，这位老总很生气："我们究竟为什么在布里斯巴乐建厂?"

"你说过我们需要这个厂。"副总经理回答。

"我连自言自语都不行了吗?我只是问你为什么我们不建一个，我并没有让你去开始建一个!"

人们常常搞不清具有创新精神的 E 型人在自言自语还是在决策。有时候下属认为 E 型的人是在决策，但后来他们发现那不是决策，并会为此受到责难。下一次当 E 型的人自言自语时，员工们记着上一次的插曲，所以没有行动。接下来 E 型的人却会因为他的手下没做希望他们做的事而生气。

雇员们觉得自己没办法说理。不管他们干什么，他们都会因某事而受责难。有创新精神的 E 型人的做法总是让人失望而且难以理解。

现在我来问你，什么时候"是"真正的"是"，"不"真正是"不"?

P 型的人。当人们问他们"是"与"否"的时候，他们不明白出了什么事。对他们而言这是显而易见又简单明了的。他们会问："人们为什么不能好好沟通一下呢?"

对哪种类型的人来说"是"是"也许"，"不"也意味着"也许"?

整合性的 I 型人，他们是政治动物。

对的。要理解"是"与"不"的含义，你不能用自己的字典来下定义，你必须看是由谁来说，你不应该用你自己的偏见去听。

请您解释一下，什么叫“用你自己的偏见去听”？

世界几大主要宗教中，无论是佛教、犹太教、基督教，还是伊斯兰教，都存在着一条被称之为金科玉律的东西。你知道其内容吗?

知道：“己所不欲，勿施于人。”

推而言之……

“己所欲，施于人。”

然而对管理沟通而言，这些规则却是错误的方法。如果与他人沟通时像让别人与你沟通时那样，你会犯什么错误?如果你是一个有创新精神的E型人，你会把他们当成什么人一样去沟通?

E型人。

但这对管理沟通而言却是错误的。实际上你要把注意力放在与你谈话的人身上。我讲的并不是什么新东西。如果去银行申请一笔贷款，你不会穿着破衣烂衫去，对不对?你可能是穿着保守、举止安详、彬彬有礼地回答银行人士的问题。你在努力响应他(或她)的风格。你试图像一个银行家一样行事。这正是关键所在。在你与人谈话之前，你必须问问自己：“我是在跟谁谈话?”然后你才能正确理解他们所说的内容，并用一种他们能理解的方式交谈。

您为什么要跟我谈这些?这很有趣，但与管理有什么联系呢?

因为管理的内容之一就是推销主张。如果你不能沟通，也不能使人信服，那你就不能管理，所有的推销人员都会告诉你，你必须了解自己的顾客。你必须把注意力放在与自己的顾客的沟通上，以便他们能理解你，即便他们每一个人所说的听起来就像是在说不同的语言也一样。

我们用一张图来系统化地描述一下决策制定风格对沟通的影响。

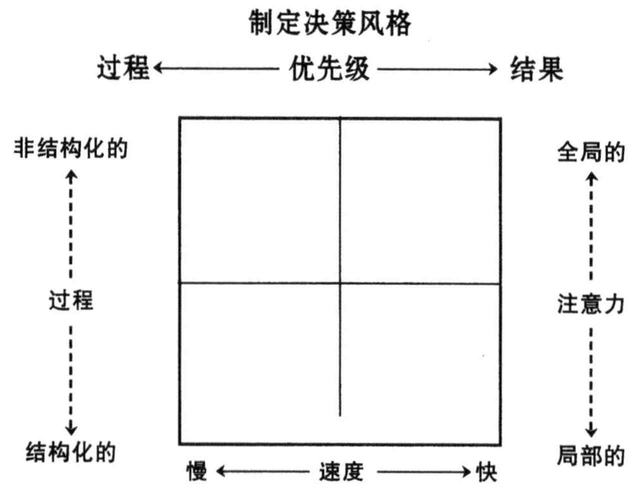

上半部是优先级。右侧以结果为导向，或者说是以“干什么”与“为什么干”为导向。左侧是以过程为导向，或者说是以“怎么干”与“谁来干”为导向。有些人是以结果为导向的，而另一些人则更关注过程。窗形图底端的水平线代表人们制定决策的速度。左侧制定决策慢，右侧快。

这是什么意思?

它表明有些人制定决策比较慢。关于官僚主义者有这样一个笑话：你不应该在星期五对官僚主义者讲笑话，因为他们有可能要到星期天中午吃午饭时才笑出来。具有创新精神的 E 型人则不是这样，他们的反应非常快。他们会打断你的笑话，因为你的笑话让他们想起了另一个笑话。

垂直的两条线代表什么呢?

右边是注意力：最上面是全局性的，最下面是局部性的。这一特征跟我们先前谈过的窗子的比喻是一致的。有人看到的是风景，而有的人看到的则只是脏兮兮的窗框。有些人有全面性的观念，而另一些人则只注意细枝末节。

最后一个变量是人们制定决策的过程。有些过程是非结构化的，另外一些则是结构化的。

依据我们所讨论的内容，这两个术语是什么意思?

在非结构化的过程中，一个人可能从谈论事情 A 开始，这件事让他想到了事情 Z。然后他又去处理事情 Q，接下来是 B，最后，到了事情 X。他这样东一榔头西一棒子的，是因为他在按一种独特的方式在思维，认为任何事情都是与其他事情联在一起的。然而在结构化的过程中，人们是直线型的。在他们完全理解事情 A 之前，他们是不会开始 B 事情的。而在事情 B 被完全理解之前，他们也不会去想着会开始事情 C。

接下来呢?

我们看一眼图就会发现，4 种风格——生产者 P、行政管理者 A、创新者 E 以及整合者 I 分别对应于窗子的 4 个格。谁在决策制定时具有全局性的眼光，动作很快但却是非结构化的风格?

具有创新精神的 E 型人。这我已经看明白了。

谁是动作很快、结构化的、把注意力放在细节与结果上的人?

P 型人。

他们就像铁路工程师。他们是这样一种人，“把轨道指给我看，别的就别管了”。在工作现场他们最喜欢说：“需要我们干什么?我们去干吧。我们有事干就行。少废话，多干事。”

这很有意义。

谁具有结构化的、慢腾腾的风格，他的注意力是放在过程和细节上的?

行政管理类型的 A 型人。

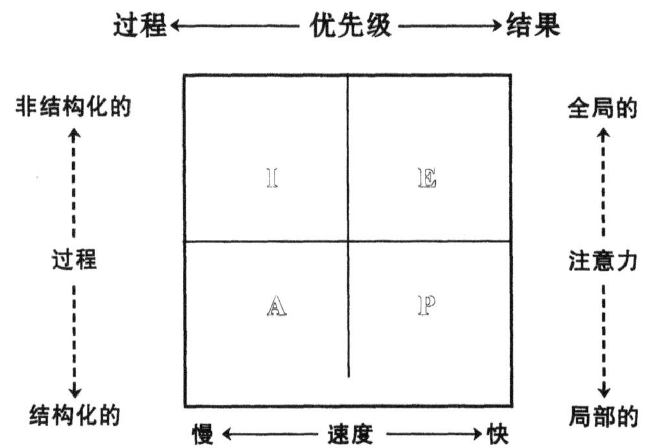

现在你从图中把 I 型人的风格给我讲一下。

他们是以过程为导向的，慢性子，非结构化的，这也是他们在政

治上十分敏锐的原因。他们具有全局性的眼光。他们能够变革，也能够适应。

如果我们看到了这张图以及不同人的不同风格，我们就能明白他们为什么会沟通不够。

具有创新精神的E型人最有可能跟处于其对角线上的行政管理类的A型人发生冲突，把他们搅在一起就像要把油和水混在一起一样，那将是非常困难的。

您能给我一些有关这些差异性的例子吗?

具有创新精神的E型人是急性子，他们总是先从自己出发开始考虑。当一个E型的人去跟A型的人会面时，他在走廊上就已经开始在思考问题了。等他到了A型人的办公室时，他的脑子已经在以每小时150英里的速度在飞驰了。他会对A造成很大的冲击。

A型人是慢性子，不是因为他们笨，而是因为他们正在考虑E在说什么，在思考他们的主张的反应是什么。要把每一个主张都条理化需要花点时间。当他们受到具有创新精神的E型人的主张冲击时，那情形就像雪崩一样。他们处理起来确实会有困难。对每一个E型人的主张，至少会有10个让A型人觉得重要的反应。A型的管理者不堪重负，也无法处理这种速度。他会很快放弃思考与倾听，让这些主张成为耳旁风，心里却责怪E型的人头脑发热。A型的人甚至会希望E型的人赶快离开，以便自己能回去工作。

而A型管理者的沉默却被E型人误解为赞同，对不对?

还不止于此。E型的人不喜欢约定时间，他们一有了主张就想去处理。他们可能会事先不打招呼就在A型人的办公室里高谈阔论一番，而A型的管理者最恨的就是出其不意。A型人的一切都是井井有条的：办公桌、文件、一天的安排、假期，乃至他们的生活——而现在出现的却是一枚不制导的导弹!

具有创新精神的E型人仅有谈论“怎么办”的耐性，他们讨厌有关实施的问题。他们的大部分时间都花在了谈论他们为什么要做某事上。E型人就像是从高处俯瞰大地的鹰一样，不一定会去注意什么细节的。

美洲印地安人对人有一种图腾象征。一名斗士被叫做大鹰，那是在描述我们所谓的E型风格。他高翔于云天之上，眼中是一幅独特的地平线的景象，但他的脚却不在地上。他们缺乏一种完全的现实感。

美洲印地安人也许会把A型风格称为水牛——慢而稳重，不过一旦它决定负责，那就小心了!水牛不会轻易改变方向的，它也许会首先从你身上踏过去。现在想像一下，要让鹰和水牛共同努力负责同一件事，那一定会非常之困难，对不对?

A型人试图跟E型人谈话时会是什么情况呢?

A型的人会先打电话，预约好见面时间，而E型的人一般会改变预约，或者干脆把它给忘了。等他们终于见了面时，A型的人喋喋不休地纠缠于太多的细节会让E型的人大为恼火。要是你问A型的管理者一个问题，他们一般会从解释过去开始。他们会告许你这个问题的来龙去脉，好像不知其历史你就不理解这个问题一样。A型的人似乎总是要从人之初谈起，两个小时之后，他们才谈到了文艺复兴，要想听到现在的事情，你还得再等4个小时。从另一方面讲，E型人和P型人注意力集中的时间是很有限的。

最终，E型的人会说：“好了，历史讲够了。解决方案是什么?”对于用上下两千年的眼光去看问题的A型人，你说他要花多长的时间去解决问题?

再花两千年!

这就叫做过度分析瘫痪症。官僚主义者最爱得这种病。他们最常说的话是:“太困难了!这事儿简直没法干。”但E型的人却有一种完全不同的时间概念,他们不喜欢回顾过去。对E型人来说,过去意味着死亡,他们只展望未来。他们像飞翔在天空的雄鹰,目光盯着地平线以外的东西。他们看到的是机遇,但他们却难于把自己所见的表达出来,因为还不清晰,他们只是感觉到了。要是你让他们把它仔细描述一番,他们也仅能描述个大概,而且,E型的人不喜欢谈论问题。他们对问题的回答是:“那是你的责任。”对E型人来说,每一个问题都是令人振奋的机遇,对A型人来说这些机遇却是令人担心的问题。

E型的人难道不关心为什么会存在问题吗?

不关心,他们宁愿把注意力放在机会上。问题会消耗他们的精力。

那解决办法呢?

当你拿解决办法去问E型人时,他们常常会很难受。

为什么?

因为他们觉得自己所预见到的问题早就该解决了。这也是跟E型的人共事一般让人感到不那么舒服的原因:他们太容易沮丧了。他们意识不到自己是在很高的水平飞翔。那些水牛或小老鼠们——在美洲印地安人的图腾中P型人可以被称为小老鼠——离地面太近,他们看不到一步之遥以外。他们根本不理解E型人在说什么,他们的眼光不一样。

那么，A 型的人和 E 型的人碰到一起会怎么样呢?

E 型的人会在讨论中间夺门而出，他们仅仅是忍受不了细节。接着 A 型的人会觉得被忽略了，被轻视了，被抛弃了。他们觉得没有人会听他们的问题。A 型的人会觉得自己是在为海鸥工作。要是你航过海，你会知道海鸥有多讨厌。它们从上面俯冲下来，发出阵阵尖叫，在你船上拉下一滩鸟屎，从你眼前消失是为了等会儿再出现。

另外一对极端呢?P 型的人与 I 型的人沟通会怎么样?

以工作为重、行为敏捷的 P 型人一般不那么亲切，也不那么敏感。这让 I 型的人很难受，他们想考虑的是放慢步调，对人多关注一些。他们常常会指责干事情的 P 型人是打手、不灵光、“粗人”。

另一方面，P 型人则认为 I 型人太女气，太脆弱，太慢。这不是性别问题，而是风格问题。女人可能是 P 型人，而男人也可能是 I 型人。事实上，过去 20 年中，我发现美国传统的性别框框已发生了巨大的变化。

听起来好像这两者相处得也并不见得比 A 型人和 E 型人好多少。

是这样。而且他们也不一定彼此赏识，因为每一方都认为对方不敏感。P 型人认为 I 型人对企业的需求不敏感，而 I 型的人则觉得 P 型人对人的感觉不敏感。这会产生对立情绪，使两者之间缺乏相互尊重。

我已经理解了冲突的本质，但我们该如何对待它们呢?

下次咱们见面的时候再讨论如何处理不同的风格，我称之为自下而上的领导。许多著作都讨论过如何领导员工。我谈一谈如何引导你的老板，或者说如何把你的主意推销给与你风格不同的人。

好主意。但现在我得吃点东西了。

谈话 12

如何与风格不同的人沟通

现在我们来谈一谈，如何跟与自己不一样的人交谈。首先，你要明白我们谈的不仅是跟上司的沟通，这也适用于同级之间的交流。要是跟你的下属打交道，这套方法运用起来会更困难，因为我们总是忽视雇员的风格。这是一个错误。我们不仅需要上司的合作，而且也需要同事的合作。我们甚至更应该注意如何与下属打交道，因为我们总是轻视那些我们认为自己能控制的人。这个错误有些人是犯在配偶或孩子身上。这些人对自己的配偶或孩子甚至比对不认识的人更少尊重。

现在开始考虑一下与一般意义上的人如何沟通。把每一个人都看成是你的上司，这意味着你在推销自己的主张时不能用职权或权力，只能用你的影响。

我该怎么办呢?您说过，我应该试着用他们自己的语言与人交谈，但首先我必须了解他们是什么样的人。您有没有什么心理测试，以便我在与人谈话之前搞清楚他们是P型的、A型的、E型的，还是I型的？

那样做毫无用处。要是他们不服从心理测试，你也不能拒绝与人谈话。正如我已经跟你谈过的，我并不推崇这类的测试，虽然某些测试能够衡量PAEI。

但是，如果你不是很了解某种人，或者以前从未见过他们，你该怎么办？

问问他们从事何种工作，看一看企业示意图。要是这个人在市场营销部门，那就把他当成是具有创新精神的E型人。如果在销售部，他们更有可能是P型的。如果在会计部门，则有可能具有A型倾向。看一看他们的工作，试着估价其行为，然后再修正你的估价。

怎么修正？

看看他们的办公室，看看他们的书桌、衣服、姿势，以及精力。对他们敏感一点，确定个性特征并不像意识到他们是否理解你那样重要。接下来再调整你的风格，以便你能清晰明了地进行沟通。

请注意这一现象。如果两个E型人遇到一起，本质上E型性格更强的人可能呈现出P型风格，而另一个E型人则有可能呈现出A和I的风格。记住，要制定好的决策，所有PAEI角色都必须展现。

当一个本身就是A型的人加入讨论，E型风格弱一点的人会在那一刻呈现出P角色，对不对？

对的，而A型人则会展现出I的倾向。环境、工作性质以及相关的其他人员对一个人展现什么风格有着很大的影响。本身的倾向只是一个起点，所以不要很快就给人贴上标签。观察一下他们，去听、去感受。应用一下从这些谈话中得来的办法，再加上你自己的直觉。

这太复杂了。

没错，但生活不是轻而易举的事。我们在这些谈话中所做的一切就是试图使生活简单化，以便我们能够处理生活中各种各样的复杂性。

P 型人是快速决策者。他们的行为就像他们没什么时间一样。他们总是处于解决危机的压力之下，所以他们必须把注意力放在结果上。让我问你一个问题。要是你的上司是一个 P 型人，而你对他(或她)说："我需要您 3 个小时的时间来讨论问题。"他(或她)会说什么?

"3 小时?好吧，咱们安排在 10 年之内怎么样?也许到那时候我能够有点空!"

你实际上能要求多长时间?

5 到 10 分钟，也许最多 15 分钟。

那就想办法短点。从你的观点的结论开始谈，从你会见的目的开始谈。把你的底牌交给上司，只有这样他才有时间处理。你可以随后再提供有关论证材料。先从结论开始，以后再回答问题。

如果这个人不仅仅是一个 P 型人，而是一个极端的独行侠，你该怎么办?

告诉他(或她)这是一场危机。对独行侠而言，这是给你时间的合法理由。你应该说：“我们有一场危机，而且时间不多了。我们必须立刻加以处理，为此我已准备了解决方案。我只是需要获得您的同意而已。”

这样做为什么会起作用？

要是你不说你有时间压力，或者是你正处在解决方案的实施过程当中，独行侠会说……

“把它放到我桌子上。”

于是这个问题会跟其他 100 个问题待在一起，而你却困在那里，一筹莫展。

那么，我该怎么办呢？

实际上，在独行侠面前你必须主动。由于他们不会授权于你，所以你自己必须采取主动。你必须使自己所做的事情合法化。你应该说：“我们有一场危机。我需要您 5 分钟的时间。这是问题，这是我已经采取的措施。我仅仅是需要获准您同意，以便我能完成这项工作。”这就行了！你去干就是了。

记住，对独行侠而言，问题必须是危机，必须存在时间压力，而且你必须主动去解决它，否则的话，对这个问题就不会有合理的时间去处理。

那么，同样的方法对 A 型人起不起作用？如果你对一个 A 型人打电话说：“我们有一场危机，我已经采取了解决措施，我只是需要您同意。”你认为会出现什么情况？

你将会被解雇。

A 型人会说："谁给你权利去实施解决方案的?你怎么敢不经允许就进入实施过程。"A 型的人会很准确地犯错，他(或她)经营着一场控制得很好的灾难。在你获得 A 型人允许之前，不要斗胆去采取主动，即便公司快完蛋了也一样。

如果你是 P 型人，为一个官僚主义者工作，你就有可能已经犯了这种错误。你可能在发现危机之后把它给解决了，跑去见上司时你想得到他(或她)的赞许，你期待着表扬，得到的却是惊讶。事实上，你在 A 型人身上用了 P 型的方法，而 A 型人一点也不会欣赏它的。

对 A 型人而言，正确的程序是什么样的?

官僚主义者，或称为 A 型管理者——这取决于他们的风格极端到了哪种程度，对方法比对内容更感兴趣。他们的风格就是慢条斯理、结构化的，其注意力都放在过程上。你必须使自己的风格适应他们的风格。他们更喜欢形式，而不是机能，所以你必须十分注重形式。你必须做的第一件事是预约见面时间，A 型人是不欣赏出其不意的。要是你做了不速之客，开头半小时内他们根本听不进去你所说的内容。他们会因为你让他们没有准备好或因为你无准备而备感难受。事先告诉他们会面的目的，以便他们能为你做好准备。

下一步，你必须采用我所说的"误差系数"。

什么?

E 型人和 P 型人动作快，A 型人和 I 型人动作慢，他们的时间概念不同。我的风格是 E 型的，我发现自己的误差系数是 6。这意味着要是我告诉下属："你可以用 1 个小时去完成这件事。"实际上要花 6 个小时。如果我告诉他们："我们用一个星期做完就行了。"它实际上要用多长时间?

6个星期。

你看到没有，我就像是一只飞在天上的雄鹰，我振动翅膀相对要容易一些。然而，那些在地上的人必须跑上跑下跨越好几个山谷才能移动同样的距离。在下面要跟上我小小的动作都是极端困难的，但作为高翔在天的鹰，我有可能忽略这种差异，这会与我的预期形成误差。

所以在E型人打电话给A型人说“我需要半个小时的时间跟你谈点事”时，这个E型人应该想到他的系数。如果像我一样是6，这个E型人就应该说：“我需要跟你谈半个小时，不过我认为我们最好安排3个小时的时间。”

A型人不希望看到你安排半小时却占用了3个小时的时间。这个E型人必须要求3个小时的时间，并告诉A型人日程是什么，千万别让他感到出其不意。

还有别的吗?

下一步，如果你是E型或P型人，你要跟A型人或I型人谈话，我建议你学会慢下来。

慢下来?

E型人总是上气不接下气，他们的脑子动得比嘴皮子快。在墨西哥他们是这样说的：“最先中止谈话缓口气的人将输掉这场辩论。”

我在一些E型文化的国家已经注意到了：好像每个人都在同时讲话一样。您认为该如何学会慢下来?

假定你是一个E型人或P型人，你要跟一个A型人打交道。你安排了3个小时的会面，并把你们要讨论的内容告诉了这个A型人。先从你走去会面时就慢下来，做个深呼吸，慢慢来。等你到了会面地点的时候，你应该已经慢到了这个A型人的速度。对你的每一个主张，A型人都会想到很多很多的反应，他需要时间去处理你的信息。要是你在走廊里没能慢下来，那就在会谈开始前的几分钟内做好这件事。现代社会中，并不仅仅是E型风格引起了匆匆忙忙问题。P型人也在让人上气不接下气地四处奔忙。慢下来！在开会之前先放松一下。闭上眼睛，做个深呼吸，松弛几秒钟。这个主意是由哈佛医学院的雷·本森博士提出来的。

我知道他的著作，但他推荐这套放松反应是为了避免紧张引起的不利影响。

紧张与制定的决策是没法相安无事的。越是放松，你的决策质量就越高，因为这样，你才能更清楚你的身体告诉给你的内容。

请解释一下。

你的身体是一个数据库，你把自己的经验储存了进去，而且你的身体确实会跟你讲话。你难道没说过“我感觉不错”，或“这个问题让我头疼”，或“这种情况让我身体发紧”这样的话吗？一场紧张的会议之后你难道不感到身体酸疼吗？你的身体正在存储这些经验。下一次，当你遇到同样的问题时，你的身体会用“感觉不好”、头疼、声音的紧张再现这一经验。那是你的身体正在传递你过去的经验。因此，请注意你的身体。尊重它，信任它。只有在身体感到放松的时候，你才真正做出了好的决策。如果你感到紧张，如果“闻起来不对劲”，或是“觉得烂了”，即使所有的数据都表明你该做这件事，你的律师也保证你得到了一笔好买卖……

千万别去干。

你说对了。去思考，去分析，但在最后关头，要通过倾听你的身体来注意你的直觉所作的反应。通过观察正在与你谈话的人也可以沟通得更好。观察他们的眼睛、眉毛，以及手的动作，注意观察他们的身体，把他们所说的内容与他们是如何说的同步起来。如果由于你自己身体的痛苦产生了先人之见，你就做不到这一点了。如果与会各方是放松的，那他们就沟通了，也就是说，他们比自己处于痛苦状况时更能彼此理解。所以慢下来，以便很快得到结果!

我懂了，不过我认为下次开会时我用“女士们，先生们，请做深呼吸，放松!!!”作开场白会显得有点怪的。

第一次你会得到一种古怪的反应，下一次，他们就会要求你这样做。去试一试。

那么，接下来呢?

去看日程，从第一项开始，注视A的眼睛。这非常重要。目光迷惘的那一刻，就是A型人在考虑你的主张的反应。停下来，别讲了。我知道，这对E型人来说是非常困难的，但你必须等A型人处理完你的信息，等着A型人从他(或她)的迷惘中回过神来。

与此同时，我该做些什么?只是傻坐着吗?

要是你是E型人，你一般会有很多想提出来的其他主意。在A型人思考的时候，你可以把这些主意列一个单子。开会时你应该总是带着纸笔，要是你不把这些主意记下来，你会担心自己以后会忘了。这会使得在你应该安静的时候却仍然保持思维活跃，就像我们在说话一样。要是你知道自己可以随时找到这些主意，你就不会那么急迫地想把一切都立刻说出来让可怜的A型人发晕了。

当A型人从沉思中回过神来时，他(或她)会提问题吗?

最有可能提的是关于实施的问题。E型的人也许会很难受地想："我简直难以置信。我正在努力挣大钱，而这个家伙却在用这些毫无意义的细节来烦我。"E型人常常会认为，A型人因为自己没找到蜡烛就拒绝天堂之光。

是的，这会让E型人发疯的。

首先，别难受。不要抵制与己不同的风格，学会认识并接受它，这样你才能与它打交道。你应该做的是接受问题，告诉他："问的好，让我把它记下来。"也许你该把它记在小本上，以便让A型人看到你没有忽略这些问题。你这样说："咱们等会儿再谈这个问题，怎么样?等我们把报告讲完之后再来处理这些问题。要是您还有什么问题，请记下来，我们肯定会提到这些问题的。"用这种办法你既接受了A型人的关心，又不至于被岔开话题。接受所有的问题，但别去讨论这些问题，继续展示你的大框架，等你讲完以后，作个总结，然后说："好了，现在我们来看一看有关问题。"换句话说，在提到"怎么做"之前，你必须把"做什么"和"为什么做"放到一起去理解。在讨论问题的时候，你也许会发现A型人正准备好了要提这些问题。有些关于实施的问题有可能公正地否决你的绝妙主张。但A型人在理解以前不应该否决这一主张。在你把内容与原因联系起来理解之前，不要去讨论方法问题。在你同时理解了"什么能干"之前，你不能从"什么不能干"开始。在你完全理解了价值之前，不能尽谈成本，因为成本不是处在真空之中，它是与价值相联系的。

你跟 A 型人会面时应该呆多长时间?

只呆你们一致同意的那么长时间，不要说“请再等 10 分钟，我们写上就完。”首先，很有可能不是 10 分钟，而是半个小时。那时候他就会发火了，A 型人是靠日程表过活的。要是 10 分钟之内能结束，你就必须赶，而判断问题时最糟糕的错误常常是在会议延长的最后 10 分钟人们急着往前赶的时候犯下的。

但 E 型人不会喜欢这种程序。准时停止……我的意思是说，您在要求鱼飞起来。

有些鱼是可以飞的，而有些鸟则会潜水。我并不是要求你做自己喜欢做的事，而是要你做你需要做的事。你以为鸟是为了好玩才潜到水下去的吗?它是在找食。我的朋友，管理之难就在于要把主意推销给他人。你清楚把你的主意推销给自己有多难吗?再想一下，把它们推销给别人有多难!

你跟 A 型人打交道时还有其他考虑吗?

还有很多。这次谈话只是为了让你开始注意这个问题。例如，对 E 型人来说，数字不必精确，它们只是一种表达程度的方式。一个 E 型人有可能说：“我们卖了 100 万。”事实上，我们只是卖了 50 万到 150 万之间的一个数。100 万对 E 型人来说只是个约数。

但对 A 型人来说 999 999 不等于 100 万。这就是为什么 A 型人不信任 E 型人的原因所在。许多 E 型人都得了个撒谎的骂名。E 型人必须小心，不要把主意与事实搞混了，因为 A 型人是从字面去理解人的。如果 A 型人抓住了你的纰漏，不管有多小，他们都不再信任你说的任何事情了。

对A型人讲得够多了，我实际上不怎么喜欢他们。

注意你的态度，他们会让你摆脱困境。你的PAEI代码中的E越大，你就越应找一个A型倾向的人。成功的是基于相互尊重基础上的互补团队。这意味着接受彼此的风格。

您说的对。我必须记住：这是工作，而不是社会俱乐部。您怎么处理E型人呢？

我们已经知道了，E型人会抵制任何不属于自己的主张。所以在与E型人会面之前，你必须考虑一下，如何使你的主张显得是E型人的主张。

你可以走上前去说："这是甲问题，解决办法应该是乙。都在这儿，请把最后的细节看一看。我正是为了求得您的准许才来的。"这是你跟A型人相处取得成功的办法。E型人是不是这样的呢？

不是。实际上，E型人可能会说："问题不对，解决方案也错了。"在你的推理中找出一个破绽之后，E型人就会对整个分析提出质疑。E型人会努力找出错误所在，以便在解决方案中尽可能地留下自己的印迹。最终的计划如果没有给E型人留下贡献的空间，那是不会被接受的。

对E型人来说，A型人的方法意味着你在负责，把他们甩到了后面。由于你不跟他们商量，所以你忽略了他们。他们感到未受到尊重，他们会找一种方式，早晚让你认识他们。一旦你忽略了他们，他们会让你去注意他们，而且要非常注意他们。

那我该如何处理E型人呢？

不要带着问题的“最后”答案去见他们，别想着他们会轻易同意你。你必须让整个事情处于未决状态，这样说：“我建议……”“我一直在想……”“好像……”“您怎么认为?”让他们在你的主张上留下他们自己的印迹。你应该这样对待所有的E型人，而不只是你的上司。我同时也是在谈与E型的雇员打交道的事情。要是你告诉他们做什么、怎么做、你想什么时候完成，他们会讨厌你的。为什么?因为你没让他们用自己的脑子。E型人想作贡献，你却不让他们干。

要利用他们的创造性，用他们自己的语言与他们交谈。问他们：“你在想什么?你有什么建议没有?你怎么才能帮助提高这方面的工作?”谋取他们的支持，以便他们把这个主张当成自己的主张。

谢谢您，这很有帮助。你怎么跟I型人打交道呢?I型人(极端情况下是超级跟屁虫或滑鱼)在寻求什么?

你为什么不试着自己回答这个问题呢?

他们在寻求赞同，他们想取得政治上的一致。

如果你告诉I型人：“问题是这样的，解决方案是那样的。我们想获得你的同意。”他(或她)会说什么?

“还没到时候，我们还没准备好。你跟甲谈过吗?跟乙呢?跟丙谈过没有?”I型人通过问这些问题来摸清政治气候——已经取得的一致程度。

所以，在去找I型人之前……

你必须巩固你所有的基础。你必须跟甲、乙、丙谈，以便摸清他

们的立场。你必须首先整合他们。

然后再对I型人说：“我们有一个问题。我们所有的人已经讨论过了，我们就解决方案取得了一致意见，现在想获得你的同意。”I型人立刻会问：“那么丁呢，他同意不同意?”如果你没跟丁谈过，他显然又是政治版图上举足轻重的一个角色，而且你应该了解这一点，I型人就会说：“嗯，我认为我们还没准备好。”但如果你说：“我们跟丁谈过了，他完全赞成。”而且你确实得到了所有需要的人的支持，I型人会说：“那我们还等什么呢?干!”在同意之前，I型人会把重要人物的名单挨个过一遍，以确信每个人都赞成这一主张。他们天生就理解capi。

如果我错误地理解了跟我说话的人的意思，会出现什么情况?

你的战略将产生事与愿违的恶果。只要想像一下，你是个I型人，正在跟E型的上司交谈，但你把他(或她)当成了另一个I型人来对待。你一生都在试图解决冲突，而且对人敏感。你谈话的所有人都受到了问题或解决方案的影响。你解决了所有的冲突，整合了每一个人。然后你去对你的E型上司说：“我们有过这样一个问题。我们大家已经一致同意是这样的问题，而且我们都同意这样的解决方案。我们只是想让您同意这件事。”你在想什么?E型上司会如何反应?

他(或她)会汗流浃背，心想：“天哪!我背后已经发生了一场政变。没有人告诉我这个问题。他们聚在一起是为了密谋反对我，他们已经有了解决方案，现在是在逼我同意这个方案。”这个E型人会利用一切到手的机会解雇这个I型人的。

管理理论实质上忽略了风格的差异，而P型人的计划与A型人、E型人，或I型人是不一样的。不同的人按不同的方式激励、组织和训练。你必须注意这种差异性，你必须根据人们的风格跟他们打交道。每个人看世界的方法都不一样，这就是每个人都想被区别对待的原因。这包括了激励制度的设计、人员的聘用、提升、业绩评估，以及我们如何对待自己的孩子、应该如何对待我们的配偶。它会影响到我们应该如何彼此对待对方，至少一段时间内是这样。

它对广告也有影响。一种方法是通过人口学来看市场划分：教育水平、性别、地理位置等。我建议的另一种方法是通过个性特征来看待市场划分。许多广告商已经采用了这一方法，以便用不同的方法引起不同的人的注意。

例如，P 型人看重产品的功能。以小汽车为例。针对 P 型人的广告应该集中描述每公里耗油量、载客空间、行李厢的大小以及座位容积等。

针对 A 型人的广告则应该强调安全性、返修率以及再出手时的价值。

对 E 型人来说，再出手时的价值、每公里耗油量等情况没什么意思。E 型人可能看重汽车象征着什么。性暗示会吸引 E 型人的注意，不然为什么有人会花十多万美元去买一辆法拉利跑车?这种车座进去都很不容易，在市区你也不可能跑出二百多公里的时速。关键在于性感车的概念以及它传递给人的信息引人注目。这种车是满足 E 型人丰富想像力的一种手段。它不像对 P 型人来说只是一种交通工具；也不像对 A 型人而言在投资上是一种好的回报。

所以在向 E 型人推销时，颜色、音乐和形象是非常重要的，有时候甚至很难确认产品，你要推销的是整个形象。

等一等，这解释了某种现象。在广告行业中，有创造力的主管常常是 E 型人，所以他们创造的是他们自己喜欢的广告。要是他们把这些创意拿给一个老化企业的负责人时——后者往往是 A 型人，他们在展示到一半时就会被人踢出去。

广告业中精于算计的主管必须懂得如何区分客户和消费者——最终用户。

向I型人推销呢?

向I型人推销的是亲情。劳力士表的广告就是一个很好的例子。这则广告不断强调世界上的领袖人物都带这种表。它传递的信息是,如果你想跟这些人一样,你就应该带同样的表。它是一种才能的象征。

好的广告活动具备打动所有PAEI四个细分市场的信息,或者说,4种独立的广告活动要瞄准许多不同的细分市场。

您能把所有这些内容总结一下吗?

成功的沟通要求技巧,因为不同的人对同样的话有不同的理解,他们同时也有不同的需求要满足。如果你想推销自己的主张,就必须注意这些风格与需求。

等一等!这里有一个难点。没有人会一直保持一种纯粹或绝对的类型。在不同的条件下,或是在与不同的人发生联系时,我们的行为一般有所不同。实际上我们有不同的PAEI风格。那会是一种什么情况呢?

人必须敏感。应该先试一种方法,如果未被理解,再试另一种方法,应该把眼睛一直盯在自己要向他们推销主意的人身上,应该适应并改变自己的风格,直到目标人物完全理解为止。所有的人都必须在一定程度上讲4种PAEI语言,只要他们想沟通得好一些就得如此,好的管理人员必须具备多种风格,四处旅行并了解不同的文化是一个人教育的重要组成部分,原因正在于此。

但现在我的感觉像是自己永远无法放松了。我必须盯着跟我讲话的人,而且要注意我怎么讲。这真让人紧张。

幸运的是，你不必总这样——只有在存在冲突的时候，也就是只有在你不容易理解另一个人时才需如此。

问题是，到那时候我最无法注意自己的风格，而且最难与我试图联系的人相适应。

的确如此。每当人们作出努力或感到难受时，他们总是开始按自己的风格行事而忽略了与他们谈话的人的需求。

所以人们在出席重要会议时，放松和休息好是极端要紧的。

有些人甚至在关键的会面之前要入静节食。

您没开玩笑吧?

不少时候人们应该完全中止会议，重新进行安排。

什么时候?

当他们将遇到障碍的时候。你这么想：假定你非常熟悉某种机器的工作状况，比如说你的汽车。你了解发动机所发出的正常的声响。所以要是一个不熟悉你的车的人问这种噪音是怎么回事儿时，你会说：“噢，没什么，这是正常的。”

一旦你了解什么是正常的声响，你就能确认预示着麻烦的不正常的声响。当你听到这种噪声时你该怎么办?

立刻把发动机停下来。

完全正确。在人际关系上也一样。有时候冲突是正常的，不必担心什么。它对你而言甚至会是动听的音乐，因为你知道你们双方都在学习。这是有所收获的痛苦！但是，当你听到不正常的噪音时，你就得调停了。

你怎么知道什么是正常的冲突，什么是不正常的冲突呢？

每一种 PAEI 风格都有一种典型的不正常声音，称之为“阻碍行为”。当人们彼此听不进去或者不再相互学习时，这种行为就出现了。当人们觉得受到威胁并且害怕自己正在失去控制时，一般就是它开始起作用的时候。

我敢肯定，当他们失去相互信任与尊重时，这种行为就开始了。

是的。而且危险在于，如果他们不停止讨论，它会像机器一样出故障。它会一直响个不停，直到造成了大的、不可修复的损伤。出故障的就是相互信任与尊重。

典型的阻碍性模式是什么？

当 P 型人觉得自己正在失去控制时，他们会变得有点专横。他们会宣布：“得了，我已经听够了！我们就这么干，别的没什么可说的。”

A 型人一般会一动不动。他们变得非常沉默，一言不发。他们不是在看你，而是在透视你。他们根本不管你，而在想自己的安排。在希伯来语中，有一句军事术语可以描述这种行为：“狗在吠，护航仍在进行。”

I 型人的阻碍性行为是什么样的？

他们会大喊："哦，你说的是这个意思?没问题，很好，别担心。"他们是随风倒，特别是在风大的时候。

最危险的阻碍性行为来自于E型人。如果他们觉得自己失去了控制……

他们会发动攻击。他们会扼住你的咽喉，把你撕成一片一片的，通过公开贬低你的方法，打击你的自尊。

然后他们又把一切都忘了，对不对?他们把你"干掉"以后，第二天早晨又跟没事人一样了。

但A型人是永远不会忘记的。在他们脑子里记着一本细账，有时甚至会记到纸上。

在许多婚姻中会发生这种冲突。E型人跟A型人结婚，因为他们互补。传统上讲，E型人是男人，A型人是女人。他打了她，她默默地忍受着，但在脑子里却记了下来。多年以后，当她想离婚时，他会大吃一惊，因为他一点也不明白发生了什么事儿，为什么会发生。于是她会提醒他10年前那个不起眼的下午发生的事情。他会非常震惊，因为他根本记不起那场争吵了。他连自己早饭吃了什么都记不住，更别说发生在10年前的事了。但是她却永远不会忘记，也永远不会原谅。

你正好解释了一件对我而言非常痛苦的事情。作为一个非常非常典型的E型人，我很容易就回复到阻碍性行为。我很自负，很容易表现出自己的不满。于是另外一个人，一个A型人封闭了自己，因为她感到了威胁。一旦意识到她忽视了我——这对E型人来说是最糟的事情，我难以置信地勃然大怒。我觉得受到了威胁，十分难受，于是我的攻击性逐步升级。

但我越是打击，她越是封闭自己。当她冻结了自己的感情时，我真是悲痛欲绝。

是的！而且她跟你一样痛苦，只是表现方式不同罢了。

那么，我们该怎么做呢？

能够更多地控制自己情绪的人，无论是谁，都必须在阻碍性行为被察觉的那一刻中止讨论。是立刻中止，而且不应该过快地恢复讨论。听到机器要出毛病时你做了些什么？你把它停了下来。你该不该立刻又把它启动？

不应该，你应该首先检查故障的来源。

对个人冲突也是这样。等你们中止讨论冷静下来以后，你应该找出是什么使对方觉得受了威胁。在继续讨论之前，先把那件事理清楚。

当你在一次气氛紧张的商务会议上注意到了阻碍性行为时，你应该这样说："咱们明天再讨论吧。我已经听到了你的意见，对此我十分重视，而且你的意见也应该受到重视。只是现在我有点太激动了。"要拒绝继续讨论。P 型人和 E 型人会很难受，坚持要把问题解决了再罢休。他们讨厌痛苦，想把它战胜了事。当他们听到不和谐的声音时，他们不会把机器慢下来，反而会加速。别陷进去。第二天，用这样的发问开始："那天发生了什么事儿？你好像有点难受。是我说的话还是别的什么事让你难受了？"看看到底是怎么回事儿。只有在问题解决以后，你才应该重新启动机器，然后你才能继续讨论你们正在处理的事情。

这要有很强的自制力才行。

成功不仅靠天赋，光有天赋并不意味着成功。来得快的东西，去得也快!你会很快被烧穿。要产生成效，你越有天赋，就必须越有自制力。

但光靠自制力也是白搭。

毫无疑问。天赋和自律两者都是你需要的。分析一下任何一个领域的成功人士——无论是体育、艺术、商业和政治，不管是哪一领域，你会发现天赋与自律的分量大小是一样的。

让我们自律一下，停止这场谈话。我是又累又饿，明天咱们再见面吧。

我注意到你总是说：“我又累又饿。”这两者好像总是结伴来找你。当你累的时候，你也饿了，好像你认为食物会给你力量一样。也许你少累一点多放松一点时，你会吃得少一点。别节食，放松就行了。

您又来了。明天见。

谈话 13

感受现实

迄今为止，我们已经谈过，不同的人不仅行为不同，想法也不同。如果想把自己的主张推销给别人，你必须用他们的方式思维，并且用他们能理解的“语言”进行沟通。

人们处理信息得出结论的速度是不一样的。在决策制定中，人们有不同的偏好。即便是同样的话，对不同的人也有不同的含意。今天我们谈一谈如何避免由于感性认识差异所造成的沟通不足。

我能不能问一下，您是如何掌握您现在教我的这些内容的?

这个问题问得好。你不应该光向老师或书本学习，你还应该向岩石、花草和孩子学习。我是从自己的孩子那里了解感性认识的，当时他们还在蹒跚学步。我的大儿子托普扎坐在高椅子上敲调羹，当他突然指着某件东西大叫“我的”时，把食物洒得到处都是。

我很诧异为什么自己的儿子这么小就养成了一种资本主义的倾

向?他为什么那么拜物、那么具有占有欲?为什么他说的第一个词不是“爱”或“给予”呢?后来，我的第二个儿子肖汉姆，在差不多同样的年龄也干了同样的事情，这大概是 15 个月之后的事儿。

多年以后，当我在世界各地巡回演讲时，我知道了所有国家的孩子用各自的语言喊“我的”的时候几乎是同一个岁数。我很奇怪为什么会这样。

在变革企业文化这一领域工作了多年之后，我认识到成长中的企业与成长中的孩子没有什么不一样，他们也在不断地喊着“我的”。经过了多年的观察之后，我才得出了如下的解释。

一种情况可以用三种不同的方式或者是三者的任一组合感受到。看一看我画的图，你会看到三个标着“是怎么样”、“想怎么样、“应该怎么样”的圆圈。

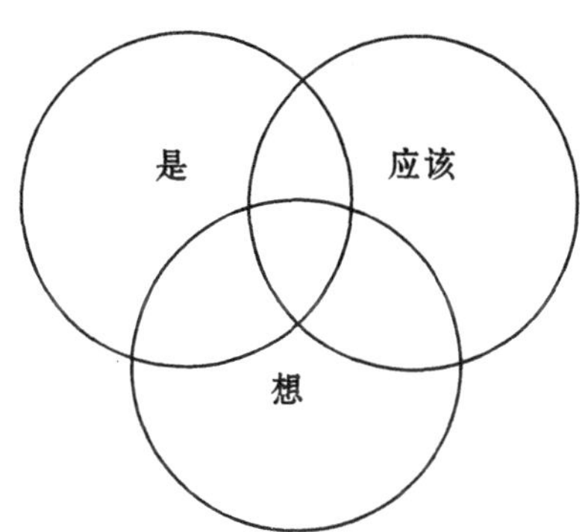

第一种对现实的感性认识是“是怎么样”。它是现在的现实，眼下的现实。例如，你现在就在听我说话。然而，“是怎么样”不一定是“应该怎么样”，那是第二种感性认识。也许当你听我讲话的时候，你脑子里同时却想着你应该在工作或者是去做别的什么事情。也许你应该跟自己的孩子呆在一起。你脑子后面有一个小小的声音在告诉你你应该做的事情，而不是你正在做的事情。

第三种感性认识是你想干的事情。当你正听我讲话并想着你应该呆在办公室时，你实际上是想去度假。

这听起来就像是有许多内在冲突。

是这样。这关系到你在做什么，你认为自己应该做什么，以及你想做什么，而且这会给你带来痛苦。

“我的”处于什么位置呢？

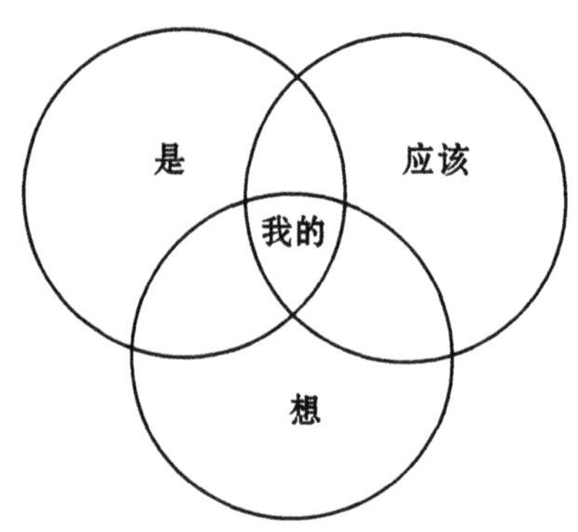

它处于三个圆重叠的地方。这个地方发生的是应该发生的事，也是你想让它发生的事。当孩子喊“我的”的时候，他们不是在占有。他们实际上是在说：“我想要那件东西。”孩子不知道“想怎么样”、“应该怎么样”和“是怎么样”之间的差别。所以他们是在说：“由于我想要它，它就应该是我的，它就是我的。”

在五六岁的时候，孩子很爱哭，因为他们正在学习三种感受之间的差别。要是你告诉一个小家伙：“别去碰锅，太烫了。”等你转过身去时，他们会干什么？

去摸摸锅！

于是被烫着了，在那里大哭不已。他们开始懂得“想怎么样”与“是怎么样”之间的不同。当托普扎很小的时候，有一次他站在一堵墙跟前说：“走开。”看到墙并没有走开时，他就哭了起来。

如果你告诉孩子：“现在10点了，你应该去睡觉，因为你明天要去上学。”他们会说什么？“我不想去睡觉。”而且他们开始吵吵闹闹。这是他们正在学习“想怎么样”与“应该怎么样”之间的差别。他们正在学习要根据“应该怎么样”而不仅仅是“想怎么样”来行为。

实际上，我们送孩子去上学是让他们学习应该做的事。如果学习了几年“应该的事”而完全剥夺了他们“想做的事”时，他们会反抗那种仅仅让他们保持心智健全的做法！

等我们长大了，经历了一场中年危机之后，我们就会意识到，“应该怎么样”与“想怎么样”都不是关键的。非常要紧的是“是怎么样”，我们要学会与现实共存。如果成功地学会了欣赏“是怎么样”，我们就会享受最好的生活。我们最终了解了自己所喜欢的东西，而且仍有时间去享受它。我们把“应该怎么样”和“想怎么样”放在了一边。我们喜欢的是“是怎么样”，而且现在就在享受。

但最好的是保持“我的”这种状态，对不对？

对的。把“我的”这种状态视为幸福的办法之一就是我们在热恋或者不如说我们在犯糊涂的时候。我们对这个人说：“你是我的。”我们实际上是在说：“‘你是什么’，‘你应该是什么’以及‘我想你是什么’是一回事儿。你是完美无缺的。”但我说这并不是真正的爱，我把它叫作“青春期的爱”或“暂时发狂”。

暂时发狂？

是的。因为在结婚以后，我们就会发现，“是怎么样”不是“应该怎么样”；而“应该怎么样”，则不一定是“我们想怎么样”；“我们想怎么样”，却不是“是怎么样”。要保持一种能发挥作用的关系，我们就必须学习与现实相处，在这一过程中，我们会经受痛苦。我们就是这样从核心重叠的少年之爱走向成熟之爱的，这意味着接受现实，接受不完美的世界。

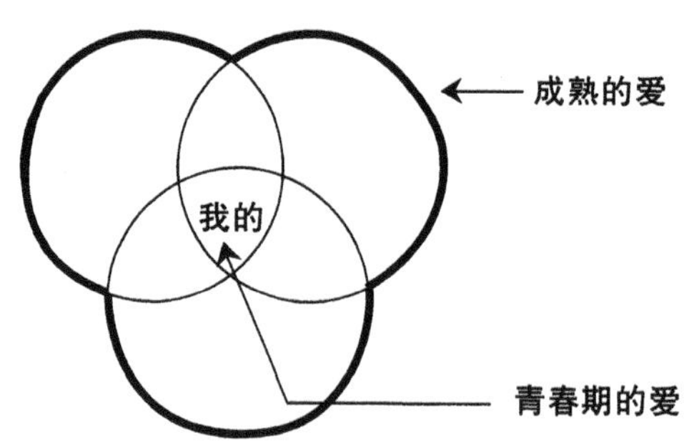

法国人是这样区分爱与喜欢的：你因为某种原因喜欢，而你却会不顾一切地去爱。

这样很好。在某些社会，人们不是出于爱而结合。他们不指望三个圆重叠成为“我的”。他们是出于承诺而结婚，并不是出于某种迷恋。在这些社会，两个人在结婚之前甚至彼此没见过对方。今天我们希望“我的”这种状态是连续的，在不能连续体验到这种状态时，我们就会很难受，我们会受未实现的期望值驱使而经历痛苦，于是便会要求离婚。《当坏事降临到好人头上》的作者拉比库斯乐有一次在他的演讲中说，一对摩登夫妻要求他为他们的婚礼作司仪，只是他们想改变誓言。他们不想说“到死不分离”，而是想说“只要我们彼此相爱”。这是怎么回事儿?这种情况下，存在的是不顾一切培育爱的承诺，还是不顾一切从爱中获益的期望?

“我的”并不等于爱。它是不成熟的爱，成熟的爱只有在我们“不顾一切”去接受并爱我们的伴侣时才会出现。当我们首先接受了自己的不足时，我们才能接受他人的不足。爱别人是从爱自己开始的。在你能够宽恕别人之前，你必须先宽恕自己。因此爱是由内而外产生的，不是由外而内产生的。没人能把爱给你。你必须通过把爱给别人的方法把爱给你自己。

但这跟管理有什么关系呢?如果我们不在三圆重叠的核心会发生什么情况?

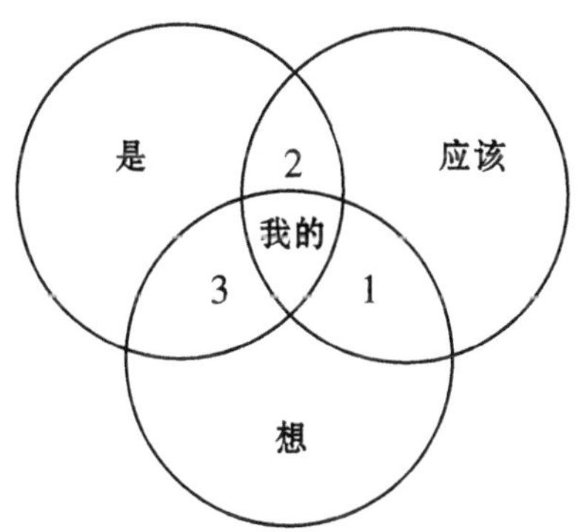

看一看图中我填了 1 的这一部分。这是一个我们想应该怎么样，却并非如此的区域。它会产生挫折。在我的公司里，我想要某些人按照某种规定的方式行为，他们也应该这样去做。举个例子，我们应该有预算控制，而且我想要进行预算控制。没有的话就会让我难受。但现实不是我想有的，也不是我认为应该有的，这会使我感到受了挫折。我甚至会产生敌意，解雇某些人。

另外一种挫折在区域 2。这种情况下，“应该怎么样”实际上与“是怎么样”一致，但我们却不想它这样。例如，人家否决了对你的贷款，看一看你的财务报表，你被否决一点也不值得奇怪。你应该被拒绝贷款，因为你的财务状况不稳定。然而，你却想要贷款。你不想接受现实的“是怎么样”以及应该发生的事情。你并不想它真的发生。所以，你垂头丧气地回家了。接受“被拒绝”是很痛苦的，不管它公不公正。

我把第 3 区域称为“活在负疚当中”。你干了想干的事情，但你知道你不应该干。例如，你知道你自己不该抽烟，但你却照样抽。你为什么要这样干呢?因为你想这么干。

等一等。这些内容如何与管理联系起来，尤其是这一点?

首先，我认为人们把“是怎么样?”、“想怎么样”和“应该怎么样”弄混了。看一看我们的某些政治著作：“人生来平等。”我们是不是把想要的事情跟应该的事情搞混了?人们是生来平等，还是应该生来平等，还是我们想让他们生来平等?再举一个例子：“美国是自由世界的领袖。”它是这样?它应该是这样?还是我们想让它这样?

但为什么会有这种混淆呢?

因为具有不同 PAEI 风格的人对现实的感受是不一样的。

例如，E 型人会展示哪种倾向?他们会从“想怎么样”、“应该怎么样”还是“是怎么样”出发?

他们从“想怎么样”出发。

他们把“想怎么样”跟“是怎么样”弄混了。他们的风格就是：“由于我想这样，所以就是这样。”这也是典型的 E 型人会说“我们卖了价值 100 万的产品”的原因。A 型人会说：“合同呢?”E 型人回答：“客户将在下周的会上决定。”

你看到刚刚发生了什么吗?E 型人把“想怎么样”与“是怎么样”搞混了。“由于我想这样，所以它是这样。”还有，他们也许会说：“我们是这 行的领袖。”到底是我们是，我们应该是，还是我们想是?

你说的对。这使我想起了一位经理在一次会议上说过的话：“我们是本行业最优秀的企业。”当她受到质疑时，她说：“是这样，我们具备成为最优秀企业的所有因素。”

研究历史，你会发现有不少带有这种混淆的战争的例子。由于领导是独裁的 E 型人，他们完全按“想怎么样”的感受在进行领导，忽视了“是怎么样”，并且让“应该怎么样”完全服务于“想怎么样”，结果使许多人死于非命。

举一个例子行吗?

例如，第二次世界大战中希特勒的例子。他是在欧洲地图上用指头量着距离在指挥这场战争，根本忽视现实的情况，那些传递现实中的坏消息的人都被处决了。

谁能感受到由于“应该怎么样”，事情也就“是怎么样”的情况?

A 型人。如果你问一个 A 型人：“对这个问题我们有没有解决办法?”他(或她)可能会说：“我们有!我们已经在这上面花了近百万美元，不是吗?”你可能用这种说法对此提出质疑：“等一等!我知道我们应该有一个解决方案，因为我们花了 100 万，但这并不是我要问的问题。我想问：‘我们有没有一个解决方案?’”什么时候我们才能有一个解决方案?只有在它发挥作用的时候。

现在告诉我，哪种类型的人感觉是什么就是什么?

P 型人，即生产者。是怎么样就是怎么样，从来不考虑想怎么样和应该怎么样。

正确。谁不停地在“跳舞”，使得你弄不明白他们认为是怎么样，他们想怎么样，或他们认为应该怎么样?

I 型人。

I 型人善于理解差异以及不同的人所说的话的意思，因为他们实际上缺乏一个贴近现实的统一的过程。与此同时，他们不会敞开自己的思想，因为他们想先了解你的思想。他们用不同的方法在理解“是怎么样”。

这会产生许多混淆。

混淆源自于不同的人用不同的方式感受世界这一事实，我们对此已讨论了好几次。

一个 E 型人开会时说：“我们卖了 100 万。”

A 型人问：“合同呢?”

E 型人回答：“他们决定之后，我们下星期就可以得到合同了。”

“噢，”A 型人说，“那么，我们还没有签合同吗?”

“是的，不过很快就应该签合同了。他们喜欢我们的产品，他们会签的。”

“但是我们现在还没签呢。”

“这到底有什么差别?你怎么这么迂腐?是找碴儿还是怎么回事?”

“你肯定在骗人。”A 型人说，“你只对我们讲了一半实话。当我想知道事情的真相时你就受不了了，还指责我迫害你!”

I 型人插进来说：“现在咱们不谈这个了。问题到底是什么?”

而这一切还在继续，P 型人很难受：“这些家伙!我们到底有没有合同?究竟要干什么?”P 型人只是想结束这次会议回去工作，以躲开这种人与人之间的口舌之争。“要么干，要么不干。”这就是 P 型人的态度。

理解感受上的差异对你有什么帮助?

当我在我所指导的想成为盛年期的企业开会时，我坚持要按 P 型人的感受来使用“是怎么样”、“想怎么样”以及“应该怎么样”这些话。所以要是有人说：“我们是这一行业的领袖。”他们最好用 P 型人的语言说。如果他们不是领袖，我希望与会者会说：“我们想成为这一行的领袖，但我们现在还没有成为，为了成为领袖我们应该做的是……”你注没注意到我是如何应用这些话的?

要是你坐在会议室里，仔细聆听人们的谈话方式，你会发现他们不停地在混淆“是怎么样”、“想怎么样”以及“应该怎么样”。他们不会说“我想怎么样”，这太自负了，说起来不舒服，他们会说：“我们应该这样做。”当你分析他们所说的话时，你会发现他们真正的意思是他们想干这件事。所以我坚持让他们说“想”，而不是“应该”。“应该”是为那些为情势所迫必须要做的事情准备的，它跟你想做的事情没任何关系。

在运用这三种感性认识时，存不存在特别的顺序?

存在。

我们应该首先运用哪一种?

这就像是你的照相机的三种配合透镜，每一种透镜都有不同的颜色。但这些却是特殊的透镜，你所安排的顺序决定着你所得到的图像的色彩。假定每一种感性认识都是一个不同的透镜：“是怎么样”的透镜、“想怎么样”的透镜，以及“应该怎么样”的透镜。

规划首先应从“想怎么样”开始。没有梦想，规划是不可能成功的。你必须要有一种想像力。正如乔治·肖伯纳曾经说过的：“理性的人适应世界，非理性的人却想让世界适应自己。所以所有的进步都取决于非理性的人。”

如果你的非理性的梦想持续过长，一直执着于某件没有也不可能产生作用的事情，那么梦想就会变成一场噩梦。有些人不得不清醒过来：“好了，现实究竟是什么?我知道我们想干什么，但我们到底该不该做呢?”“应该怎样”是紧随着“想怎么样的”。我们必须把“应该怎样”的透镜从乌托邦式的梦想调整到从经济角度看可行的目标。我们必须要看一看成本因素，作出权衡。“这是我们想干的事情。现在咱们先看一看内容。这场梦想会有多大的花费?最后，如果我们应该做我们想做的事情，那就是去创造新的现实，让新的‘是怎么样’出现。”制定计划的顺序是：如果我们想干一件事，而且是应该干的，那就去干。

想怎么样→应该怎么样→是怎么样

如果我们的计划没成功，我们会继续对它演绎。那该是一种什么样的顺序?

你不能再用同样的顺序了。要是你说：“我不在乎它根本未取得成功，我照样想这么干。”那你就是一个被宠坏的孩子。有些 E 型人成为纵火犯，是因为他们是被宠坏的孩子。他们蔑视现实。

这就是 E 型人有时会破坏自己所创建的东西的原因。他们一直被自己强烈的创新精神以及由它所代表的梦想所吸引。他们不愿考虑预算，他们拒绝作出改变，拒绝从梦想中清醒过来。由于他们拒绝承认这一梦想不会成功，他们会一点一点地丧失自己辛辛苦苦建立起来的基业。

他们拒绝承认什么是“是怎么样”，他们拒绝接受现实。他们完全被“想怎么样”这一部分套住了。“我想如此。由于我想如此，所以就应该如此。而且由于应该如此，所以最好如此。”但现实却并非如此!

作出变革的办法首先是接受现实。前进的办法就是接受你的现状。只要你与自己的现状争斗，你就没有精力向未来前进。一旦你接受了现实，你所有的精力就可以用来作出变革。因此变革的顺序必须从“是怎么样”开始。是什么样就是什么样。现在，根据“是什么样”，你可以问问：我们想干什么，然后才是我们应该干什么。改变境遇的顺序应该是：是怎么样→想怎么样→应该怎么样；而作计划时则是：想怎么样→应该怎么样→是怎么样。如果拒绝这一顺序，你就有点狂热。哲学家乔治·桑塔雅纳说过，一个不理解现实是什么的狂热分子会作出两倍、三倍甚至是四倍的努力。这就是他在泥潭中越陷越深的原因。

不先接受现实，不可能有所变革。比如，在承认自己正在超重之前，你是不会去减肥的，只有在承认了之后你才会为减肥而努力。

根据我对纵火犯的了解，他们是很难接受现实的。

他们的确如此。他们会沉湎于梦想，即便梦想变成了噩梦也一样。他们拒绝从中清醒过来。他们往往在等待，实际上是在依赖奇迹，他们不会轻易改变方向。

但是您告诉我他们总在改变方向，您不记得了吗?大轮在转来转去，而小轮则慌不择路地跟着转。

生活并非康庄大道：左就是左，右就是右。如果你总是向左，最终你会以右告终。地球不是平的，而是圆的。

爱与恨、热与冷、变革与稳定也一样。没有什么能比持续的瞬间更永恒。要是你发烧，你会觉得冷。要是你非常非常爱一个人，你会时不时地恨他(她)。

你见过转得飞快的轮子吧?他们就像停在一个地方一样。除了变革本身之外，E 型人会改变一切，所以事情变化得越多，从某一角度看，便成了它们什么也没变，E 型人认为自己做出的是战略决策，实际上它们顶多也就只有战术上的影响。变革太多的影响就是没有变革。那样做只会是一场持续的混乱。

好了，咱们休息一下吧。

休息!

谈话 14

如何转化为团队协作

目前为止我们已经说了：冲突是必然的，因为我们需要一个互补的团队和利益共同体。要想使冲突发挥作用，我们需要沟通，并认识到了人们制定决策的风格有所差异、成熟的人、合理的组织、结构，以及合理的决策制定过程等内容。

我们已经讨论了人的因素。至于决策制定过程，它由三部分组成。首先是如何有效地交换意见；其次是如何处理不同的感性认识，这是我们上一次谈话的内容。现在我们来讨论第三部分，即如何管理会议。

您能不能再告诉我一次：您是如何发现这一内容的？

有一次我应邀到加拿大作讲演。讲演前的晚上，主办公司的老总到机场去接我，然后邀请我到接待室与参加这一项目的其他主管见面。他们正在玩扑克。共有三张桌子，每桌有 4 个人。他们又说又笑，情绪很高，赌注不小，等他们停手不玩时已经过了半夜了。

等他们离开的时候，我注意到了一个有趣的现象。已经清晨四点了，在玩了一整夜扑克之后，他们还在那里兴奋不已。有几个人说："这样玩太棒了！隔几天咱们再一起玩一次。"

我有点奇怪。要是我让同样的人去开一个制定决策的会议，他们两个小时之后就会筋疲力尽，无精打采。没人会想着下一次会议。

看到这种兴奋场面之后，我开始琢磨玩扑克与开会之间有什么不同。让同样的管理人员一起去完成一项制定决策的任务，他们为什么就不会有与玩扑克游戏时一样的行为呢？扑克游戏启发我撰写了按照团队工作进行参与式管理而不是按工作会议去进行的培训项目。现在告诉我：玩扑克与按照工作会议进行管理有什么不同？

玩的时候有乐趣。

乐趣是结果，而不是原因。差别并不是人们喜欢玩。大多数主管也喜欢管理，他们喜欢制定决策。

他们喜欢扑克具有的挑战性。

他们在商场上也在竞争，那肯定是一种挑战。

他们都是从同等的机会开始的？

没错，但你也可以说，商场上也是如此。

规则！这种游戏具有很清晰的规则。

对了。你不会跟违反规则的人玩扑克或其他游戏。你不信任他们。所有游戏都有规则。孩子们玩游戏的时候，他们做的第一件事是就规则取得一致意见。要是有人破坏了规则，他们会停止游戏打起来。生活中的任何关系都是受规则约束的。我们只是不得不去发现规则。没有行为规则，就不存在能发挥作用的相互关系，不过我们不见得总是明白这一点，也不是总能理解这一点。破坏起作用的相互关系的东西被称为疾病或问题，这种情况在我们有意无意地违反某些规则时便会发生。

在国外参观时如果做了某些与那种文化相悖的事，我们就会意识到自己必须入乡随俗，这实际上就是那种文化的规则。我的朋友，生活是一场很大的游戏，你最好搞清楚这些规则。

搞清楚不成问题。难的是学习，因为它们总是在改变。

而且一年比一年快。

那么，它们会把我们引向何方呢？为什么了解规则并按规则行事这么重要呢？

因为没有相互尊重与信任就没有团队工作，而不坚持彼此赞同的行为规则就没有相互尊重与信任。

如果是这么回事儿，那么遵守恰当的规则也会形成团队工作。

现在你搞明白了。这就是我干过的事情，我用行政的办法去整合。首先我认识到任何无礼或滋长不信任情绪的事情都必须禁止，而任何加强信任与尊重的事情必须加以鼓励。

这就是基本要求吗？

是的，这就是培养尊重与信任的规则!

但尊重意味着什么?你怎么才能通过制定规则产生信任?

我在哲学家埃玛纽·肯特的一本著作中找到了答案。他说：尊重就是接受他人的主权。

在这里，主权意味着什么?

想一想，在国与国的关系中它意味着什么。

它意味着一个国家有根据自己的内部事务决定自己想干的事情的合法的自由。

对了。如果一个国家在自己的内部事务上所做的决策是我们所不喜欢的，我们不能派自己的军队去强迫这个国家改变它的决策。我们那样做就侵犯了它的主权。

是这样。

那么，人际关系也一样。我接受你有不同的想法、发表不同的意见的主权，因为那是你自己的内部事务。你并没有影响我，所以我尊重你。有一天当我说：“你怎么敢这么想，怎么说呢?这是我一生中所听过的最不明智的事情。”我干了什么事情?我派了自己的空军去轰炸你，以使你改变主意。尽管你所做的一切实际上是在表达自己的想法，你的想法与表述并不是一种反对我的行为，而且根本就没有影响到我。

没错。沃尔特里因其这样的名言而备受称赞：“我不同意你所说的，但我到死也维护你说它的权利。”也就是说，相互尊重意味着我们彼此接受用不同的方式去思考并表达自己的主权。

对。

相互信任呢？

我也正在思考这一问题。到目前为止最基本的答案似乎是：“己所欲，施于人。”

但在相互尊重、沟通中，这恰恰是错误的做法，记不记得？

我知道。我们需要统一的差别和同步的差别，我们需要和谐——不是不顾差别而和谐，而是因为差别而和谐。如果没有正确地遵守规则，我们会得到扼杀差别的统一，或者是扼杀统一的差别。

这种解释把我搞糊涂了，听起来让人觉得不得劲儿。

我也一样。我也正在想这个问题，谁知道要用多少时间呢。不过这可以让你看到我已经解决的问题和我正在解决的问题，这是为了让你理解迄今为止跟我谈过的内容。把事情变简单很复杂，把事情变复杂却很简单。

给我举一些您已经试验过的规则，这样可以指导我钻研这个难题，您看如何？

我总结了一些规则，这些规则我在世界上不同文化的许多公司都试验过。我发现，不谈相互尊重与信任，人们也可以改变他们的行为。如果企业的结构变了，人们就会学习可以培养相互尊重与信任的行为准则，猜一猜会是一种什么情况？人们自然会用相互信任与尊重的态度去行动。我制定的是一种经验基础上的行为修正模式，而不是一种认识模式，这是为了规劝人们通过真实的认识改变自己的态度。

您能不能给我举一些例子？

它们很简单，但正是简单才使得它们很有效力。我警告你，不要仅仅因为其简单就对其效力打折扣。

您为什么要警告我呢？

因为有些人已经受到学术界的坏影响，他们认为如果一件事不复杂的话，它就会因为太简单而不起作用。事实恰恰相反。如果一件事不简单，那它就过于复杂了。我用了很多年的时间想把事情简单化，相信我，这可是件很难做的事情。

那么，告诉我一些您已经了解的简单而有效的规则。

好的，我给你举个例子。规则之一是关于会议开始的时间。会议一般不会准时开始，少数准时与会的人觉得有点犯傻。大人物也许会迟到，他们越是重要，就越认为自己可以迟到。通过人们到会的顺序，往往你就可以分析出整个企业的等级。老板最后到，如果有人比他还迟，那就是冒犯。我的第一条办法就是会议准时开始。这表现了对与会的每一个人的尊重。

但是，要是有人不可能准时到会呢？

那没问题。人们可以迟十分钟，只要他们为迟到的每一分钟付出大家一致同意的罚金就行。他们也可以按次付——只要大家同意就行。这样迟到者付了罚金后就可以坐下来参加会议了。付罚金表明他们意识到自己违反了规则。它只是一种象征行为，而不是经济处罚。不需要对迟到作出解释，无论借口有多么合理，无论如何都要付钱。

这条规则太离奇了，再举一个。

另一条规则是针对在会上发言的人。当人们谈到自己深有感情的问题，或者是自己所创造的事情时，即便他们不谈了，他们总还是在深深地思考自己刚才所说的话。他们在听自己的“录音”，检查自己是否已经说出了自己想说的话。每当这种情况发生时，他们的眼睛总是开始茫然。

这正是危险所在，当他们思想上还在倾听自己时，别人也许开始跟他们讲话了。但他们仍然在听谁的呢?

显然是他们自己。

这就是沟通非常困难的原因，特别是跟 E 型人。他们太有创造性了，他们有太多自己的主张要听。他们思考得过于专注，以致于常常听不见别人所说的，有时很让人恼火。他们常常被人指责为傲慢无礼，原因就在于此。实际上他们没有听不是出于无礼，而是因为他们有太多自己的主意要听。

一个人讲完话以后，主持人总是把发言权交给另一个人。这种程序是一大错误。

为什么?总得有人让会议继续吧。

当一个人停止发言而另一个人已经开始的时候，前一个人并没有听下一个人的，前一个人脑子里还在复述自己的话。情绪激昂地讨论了几个小时有关的主题之后，与会的所有人员都会去听自己的“录音带”，而不听别人说的话。他们可能彼此听见了，却没有彼此听进去。

我们怎样才能知道一个人什么时候结束发言呢?

你告诉我，谁是世界上惟一一个知道你已经说完了你想说的话的人?

我自己!

对了。只有正在发言的人才知道自己什么时候结束沟通。这就是爱迪思法的第二条规则：人们可以想谈多久就谈多久。要是他们停止发言了，可以考虑一下他们所说的话，然后再恢复发言，这样就可以了。别人不可以插话。当他们真正觉得自己已经发完言时，就看一看自己的右侧。把头偏向右侧的那一刻，就是发信号给其他想发言的人：可以举手了。于是刚刚结束发言的这个人叫自己右侧已经举手的下一个人发言。注意，他(或她)并没有叫第一个举手的人，而是在自己右侧已经举起手的第一个人，而且发言的人必须直呼其名叫下一个人。

为什么只能直呼其名?为什么不能用姓或者只是向右边做一个手势?为什么不简单地说一声“完了”或点一点头，示意可以发言就行了?这听起来太具有强制性了。我以前认为您是一个E型人，现在我觉得您是一个不显山不露水的A型人。

你能够评价我所说的内容的惟一办法是去试验它，而不是分析它。请理解：我已经解决了把企业文化由缺乏信任与尊重转化为具有信任与尊重的最小的细节。我并没有只停留在理论上，理论在接受检验之前一钱不值。

只许直呼其名的这一法则是出于多种理由制定的。当你带有感情色彩地涉入某事时，你也许会忘了正在与你谈话的人的名字，再记起来要花几秒种的时间。如果你确实想起来了，这就表明你已经结束发言了。如果回想起来有困难，你实际上还没有结束思考。别着急，回过头来再考虑一下这件事情。想一想你已经说过的话，重述一遍，需要更正几次就更正几次，直到你确信自己已经说完了想说的话为止。

当你从沉思中回过神来，转向你的右侧，如果你能立刻回想起你右侧举着手的那个人的名字，你就已经结束了思考与发言。

我为什么不能称他的姓呢?

这有很充分的理由。记不记得当你还是一个孩子的时候你父母对你发怒时的情景?他们会叫你的全名：“乔纳森·史密斯，到你上床的时间了。”这是他们让这件事显得正式的办法。从另一方面讲，当你只称呼一个人的名而不称其姓的时候，你很难生起气来。这是你针对所议论的主题变得有点生气的那一群人所采取的保险政策。如果每个人都必须彼此直呼其名，那就会降低受挫与敌意的水平。有些人也许会非常生气，不停地说、说、说。到了让下一个人发言的时候，这个人一般会深吸一口气说：“乔恩。”他不能用一种带有挑衅性的方式说：“乔恩!”姓可以表达一种挑衅性的方式，正如我们的父母所做过的那样，但名却不能。这是一条保持友好气氛的法则，而且，人们喜欢听人叫自己的名而不叫姓。它会加强一种支持气氛，不管讨论有多么痛苦。

为什么不传给第一个举手的人呢?

因为那样的话 P 型人就会把持会议。P 型人或 E 型人甚至还没有想清楚自己想说的话就会首先举起手来。他们那样做只是为了占位了。他们提出来的将是半生不熟、不太周全的主意。与会的人在争夺发言时间时就开始表现出挑衅性的行为。

通过叫右侧举起手的第一个人，你会造成一种其他人只好等待的情形。

等待为什么就那么好?这恰恰是我讨厌开会的地方，太耗时间了。

在希伯莱语中，单词“宽容”、“耐心”、“痛苦”都来自同一个词根，这启发了我的思考。我们在团队工作中想要的是相互尊重，但如果没有相互宽容就不存在相互尊重，对不对?

对。

我不能说：“我尊重你的意见，但我不能忍受它们。”那样就起不了作用。没有宽容就不存在尊重，而没有耐心就不存在宽容。我不能说：“我能容忍你的不同意见，但我没有耐心听它们。”你能容忍某人的惟一办法是有耐心。

然而，容忍不同意见并培养听取不同意见的耐心是很痛苦的。

我现在明白为什么那么多人在开会时会作出无礼的表现。他们不能容忍别人与自己有不同意见。

当人们具有不同意见却没有什么宽容心时，他们会做些什么?他们会提高嗓门，越说越快。你知道他们在展示什么吗?痛苦!他们急急忙忙地开会，试图逃避这种痛苦。他们在破坏性冲突的高速路上风驰电掣般地往前直冲。

即使是别的人先举手也要叫右侧举起手的第一个人，这会强迫其他的人等待。在他们等待的时候，就会培养耐心，而为他们培养耐心的时候，就会培养宽容。慢慢地，他们就能学会与痛苦相处。依我看来，管理培训与发展的目的就是为了提高一个人处理源自冲突的痛苦的能力。

有经验的管理者懂得如何处理与人打交道时产生的痛苦。他们久经磨炼，就像特氟隆不粘锅一样，没什么可以粘在上面。承受不了痛苦的年轻人从事管理工作是有困难的，因为第一次经受不舒服的折磨他们就会失去判断，他们会表现出事与愿违的行为，做出错误判断。经验很重要，因为它有助于管理者培养处理人际痛苦的能力。

在爱迪思法中，我们把人们培训成更好的管理人员的部分做法就是训练他们忍受听取不同意见的痛苦的能力。这里有一个例子，所发生的事情很有趣。

假定是围成一圈坐着的第 17 个人首先举起了手，但发言权却必须交给发言者右侧已经举起了手的第一个人。假定发言权在第 17 个人得到之前要经过好几个人。起初他烦躁不安，急于发言，但等叫到他(或她)时，他(或她)会认识到："我没什么可说的了，我已经改主意了。"在听别人发言时，这个人已学到了某些东西。这里已经形成了相互尊重，因为人们彼此学到了东西。

您是说，如果我们不把发言权交给首先举起手的人，就形不成尊重？

是这样。E 型人和 A 型人手脚麻利，他们会左右整个会议。A 型人会把自己的时间都用在想事情上，而总是静观其变的 I 型人则会一言不发。

E 型人会得出结论，认为 A 型人和 I 型人没什么用，从而瞧不起他们。这就不是相互尊重，而是相互无礼了。要是强迫他们去听 A 型人的，E 型人可能会认识到并不见得总是自己才有好主意。

人们正在学习而且存在相互尊重的最佳信号是大家不急于妄下判断。你用这种办法主持了几次会议之后，你会听到人们这样说："我有一个主意，不过并不是很有把握。我很愿意听听其他人的反应。"

他们已经开始彼此倾听了。

您能不能把这些规则再复述一遍？

首先，任何人发言时需要讲多久就讲多久。别人发言时任何人不得讲话或举手，大家必须等着轮到自己——不要急，也别催。当一个人结束讲话时——他自己是惟一能够作出这一决定的人，他就看自己的右侧。于是希望发言的人便举手，结束讲话的人便叫自己右侧举起手的第一个人，他必须对下一个人直呼其名。他叫下一个人名字的那一刻，便放弃了发言的权利。现在只有被听到的人才可以发言。

但这个人也许会讲个不停。某些人是有东西要说，但还有一些不得不说些话的人。听完后者的喋喋不休之后我也许都老了。

如果你想让谈话变长，你就让他们简短。要是你想让他们简短，你最好让他们讲长一点。

又来了。要是人们不按顺序发言怎么办？

任何打断别人说话的人都要付罚金。把所有违反者的钱收起来用于做善事。

当人们看到罚金在自己面前堆积起来时，他们就知道自己不该违反这些规则了。他们会等待自己的顺序，然后温文尔雅地发言。在希伯莱语中我们说："Divrey Hachamim Benahat Nishmaim."意思是："聪明人的话人们会心平气和地听。"愚蠢的人才彼此又叫又喊。在阿拉伯语中他们说："Al agial min alshiatan."意思是："冒失来自魔鬼。"

开会时要根据这些规则来进行，你要知道，没人会打断你、催你，或者是藐视你，你可以充分考虑你想说的话。你有机会检查自己是否说出了自己想说的话，而且你一般能够表述完自己的想法。这也会使其他人听见你的意见。我们依次轮流，直到结束要讨论的事情。

这样固然不错，但要是一个人谈的是甲主题，另一个人又谈起了乙话题，还有一个人谈的则是丁话题，出现这种情况该怎么办？在你搞明白之前，你谈的可能已经成了第15个不同的主题了，并且已经远离了最初的议事日程。

这正是会议主持人(被称为整合者的人)必须确保人们不改变议事日程的原因。

这位整合者I必须对讨论加以引导，必要时中断进程。通过这种做法整个团体就不会让自己朝着几个不同的方向扩展。

罚金呢？它们能不能总是起作用？

对于极端的E型人罚金起不了什么作用。在像以色列和希腊这样的国家，它是起不到什么作用的，这些地方的文化中盛行的是E型风格。在美国，这种做法在非常具有创新精神的年轻公司中也不太起作用。E型倾向显著的人不在乎钱。我不只一次见过E型人发怒之后扔10块钱在桌子上说：“这一块钱是为现在违犯规则付的，还有9块钱是为我下九次想说的话准备的。我想什么时候说就什么时候说。”

E型人不会在乎开一次会损失100块钱的罚款，对他们而言只要能使自己的意见公之于众就行。对E型人，我有一条不同的规则。任何时候E型人违犯了这些规则，他们就失去发言的机会。对E型人来说，没有比不让说话更大的惩罚了。所以他们会安静下来，遵守这些规则，像其他成员一样参与。

还有什么规则？

很多，太多了。

您都做过试验吗?

我创造的这套方法20年来在世界各地的数百家公司一直进行着实践。在不同技术水准、不同文化、不同规模的企业中，它都一直发生着效力。我们选了一些公司，把它们由低水平的相互信任尊重、低水平的合作沟通转化到了很强的相互信任尊重，很强的合作与沟通。我们把浪费在内部冲突上的精力转化为了指向外部的用于处理竞争与满足客户需求的能量。

这一方法持续的时候长不长?

很有作用，但不稳定。如果企业停止实践爱迪思法，他们会丧失这一方法所提供的益处。

他们为什么会停止使用这一方法呢?

因为变革——尤其是真正的变革，是很痛苦的。爱迪思法有效果，但不普遍，所以一些公司停了下来。例如，如果来了一位未受过这一方法培训的新老总，他(或她)就会中止这一过程，改变结构、毁掉千辛万苦建立起来的东西。

在一个企业中实施您的体系要用多长时间?

改变一个企业要花1到3年时间，每个月要用1到3个工作日。

您能不能给我一个速效帮助?把您的理论的最最基本的要求告诉我。要是您不得不踮着一只脚描述它，您会告诉我什么?

> 在你的企业中建立相互信任与尊重的气氛，主要靠（1）正确的结构；（2）训练有素的沟通与决策制定；（3）能够获得并给予尊重与信任的成熟的人。

这是精髓，这就是你建立一个更好的企业的方法。或者说，无论你管理的是什么，包括你的婚姻、孩子、社区或你的生活，都可以用这种方法。

这些谈话内容很多。再总结一下如何？

小 结

管理即解决因为变革而出现的各种问题的过程。这些问题有一个可预测的模式：有些是正常的，有些是不正常的。它们遵从我在拙著《企业生命周期》中所描述的组织生命周期。要把任何事情管理好，我们都必须制定出有关如何解决这些问题的高质量的决策，并且必须能够有效地实施这些决策。

要制定好的决策，互补团队是必不可少的。我们中间没有一个人能在任何什么时候都制定一流的决策。而且，为了实施决策，我们需要一个由实施已经决定了的事情的必需的人组成的、可以感受得到的和长期的利益共同体。

保持互补团队会产生冲突，出现这种情况是因为我们用不同的方式去思考、讲话与行动时很难沟通。利益共同体也不是普遍现象，我们并不见得总有大家都赢的气氛。这是冲突的另一个根源。

冲突是管理或生活过程的天然组成部分。因为管理必须与变革打交道，没有冲突就不会有管理存在。不同的人在用不同的方式思考该如何面对变革，而不同的人具有受变革影响的不同的利益。只要有变革，就会有冲突。管理好变革的诀窍是把冲突由破坏性的转化为建设性的。

当彼此不同的人向彼此的差异进行学习时，冲突就成了建设性的和协同的。要做到这一点，沟通与相互尊重是必不可少的。

如果存在一种感受得到的大家都赢的气氛(至少是长期的)，如果我们彼此相信短期的利益不平衡会消除，我们就会合作，利益的冲突也会被引导为建设性的。

因此，好的管理是基于相互信任与尊重、基于合作与沟通的团队工作。

为了成功的团队工作，我们需要决策制定过程中能够培养信任与尊重的行为规则。我们还需要成熟而平衡的人，需要设计正确的企业结构。

冲突是伴随着变革的现实，我们想使冲突具有建设性。为此，我们应该有恰当的人、恰当的决策制定过程，以及恰当的企业结构。

非常感谢您，下一次我们还可以谈。我最感兴趣的是把冲突产生的破坏性能量转化为建设性能量的过程。

我建议你不时地重温这些谈话。我保证你会理解你第一次不太理解的内容，每一次连续的温习也会起到同样的效果。另外，试着把这些谈话讲给那些没有读过它们的人听。通过解释这些规律，你会发现这些谈话中你以前从未注意过的重要的新东西。

在塞尔维亚—克罗地亚语中，“教”这个词与“重新学习”一词是一样的。当你教的时候，你实际上是在发现自己学了多少、懂了多少。感谢您为我花了这么多时间。

谢谢你给我的时间，并且愿意听我所谈的内容。所思考的内容如果没有人来分享，那它还有什么价值?

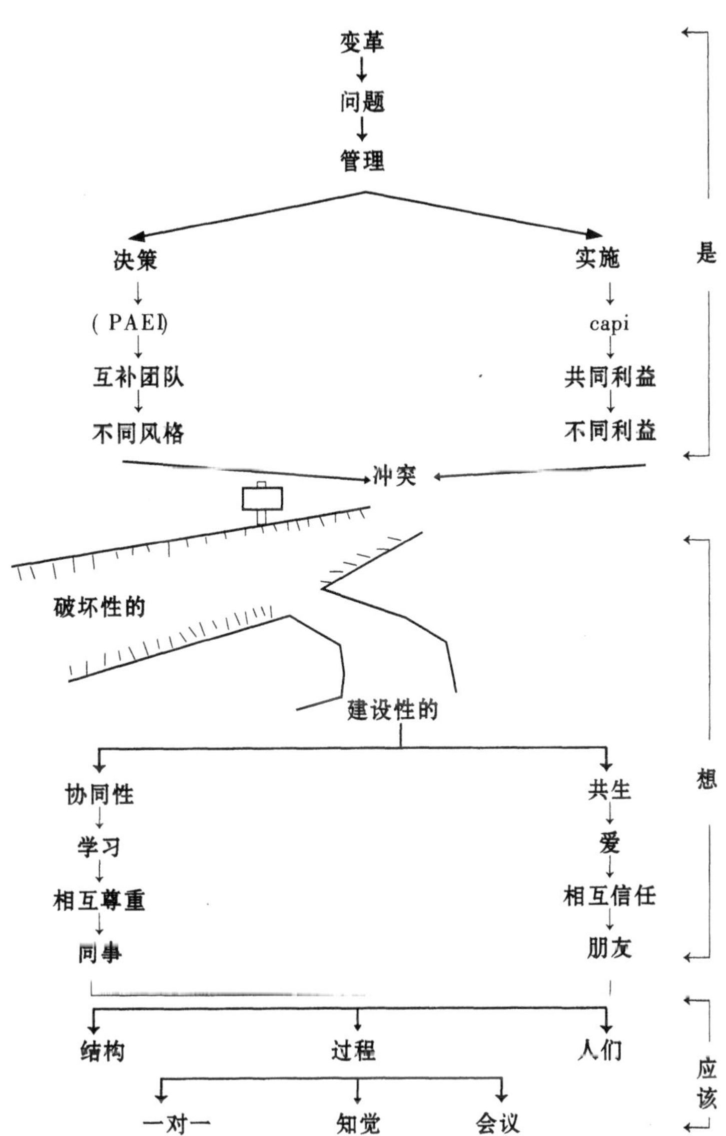
变革
问题
管理
决策
(PAEI)
互补团队
不同风格
实施
capi
共同利益
不同利益
冲突
破坏性的
建设性的
协同性
学习
相互尊重
同事
共生
爱
相互信任
朋友
结构
过程
人们
一对一
知觉
会议
是
想
应该

《供应链管理》	(美)艾米·朱克曼	15.00
《客户关系管理》	(美)迈克尔·坎宁安	15.00
《绩效与奖励管理》	(美)弗洛伦斯·斯通	15.00

世界500强企业发展丛书系列及全球财金投资系列

《平衡计分卡导向战略管理》	(香港)林俊杰	23.00
《激进营销》	(美)萨姆·希尔	32.00
《88种股市陷阱》	(美)巴瑞克	25.00
《郭士纳与IBM十年转轨》	(美)道·盖尔	32.00
《分久必合——戴姆斯—奔驰与克莱斯勒合并内幕》	(美)比尔·维拉斯克	30.00
《上市公司财务报表解读》	(美)本杰明·格雷厄姆	20.00
《把握趋势——如何获取最新产经资讯》	(英)迈克尔·布莱特	26.00
《美国人如何理财——保值、增值和投资的1001种方法》	(美)戴维·赖依	32.80
《美国人如何投资——<精明投资之道>(第3版)》	(美)马克·斯考森	25.00
《美国人怎样炒股——华尔街投资大亨的101条教训》	(美)迈克尔·辛希瑞	26.00
《研发致胜——日本电子企业成功引擎》	(美)鲍勃·约翰斯通	28.00
《泡沫的秘密》	(美)彼得·加伯	20.00
《北大激进变革》	博雅	20.00
《营销调研》	(美)西摩·萨德曼	55.00
《股市牛虻》	易宪容	25.00

www.ingramcontent.com/pod-product-compliance
Ingram Content Group UK Ltd.
Pitfield, Milton Keynes, MK11 3LW, UK
UKHW021832190726
13853UKWH00003B/1282